VERSAILLES

GUIDE PROMENADE

Photographies : Jacques GIRARD
Jean-Claude VARGA
Bernard DUPONT, René-Paul PAYEN
Plans : Pierre BEQUET, Michel LEFEBVRE
Dominique TOUZOT
Maquette : Jacques GIRARD
Réalisation : Pierre KEGELS
Copyright : Editions d'Art Lys

ISBN 2-85495-000-3

Photocomposition et Photogravure
Bussière Arts Graphiques - Paris
Achevé d'imprimer le 15 Mars 90
par Uni Graphic
Dépôt légal 2ᵉ trimestre 1990

ÉRARLD VAN DER KEMP
embre de l'Institut
specteur Général Honoraire des Musées

DANIEL MEYER
Conservateur en Chef au Musée National
des châteaux de Versailles et de Trianon

VERSAILLES

GUIDE PROMENADE
POUR L'ENSEMBLE DU DOMAINE ROYAL

EDITIONS D'ART LYS
VERSAILLES

TABLE DES MATIÈRES

INTRODUCTION

Notre intention n'est pas, dans ce petit guide de Versailles et de Trianon, de refaire une étude exhaustive sur le château le plus fameux du monde. De nombreux ouvrages, de multiples articles d'érudition existent déjà et il reste encore beaucoup à faire pour mettre en lumière certains points de détails concernant aussi bien l'architecture que le décor intérieur ou les jardins; ce n'est point notre objet.

Ce que nous voulons ici est offrir un ouvrage accessible qui rende plus aisée au touriste la visite de Versailles. C'est pourquoi il nous a semblé nécessaire d'insister davantage sur les appartements que l'on parcourt librement que sur ceux pour lesquels des visites-conférences sont organisées. Sur le Musée de l'Histoire de France, en cours de réaménagement, nous nous sommes contentés de donner des indications générales.

Nous n'avons pas voulu non plus fournir un historique détaillé de la construction du château; un tableau chronologique nous a semblé plus clair et plus utile. Dans cette introduction nous mettrons simplement en évidence ce qui fait l'aspect unique de ce palais.

Louis XIII, fils d'Henri IV naquit à Fontainebleau le 14 septembre 1601. Sous son règne, l'autorité royale fut affermie avec l'aide du premier Ministre Richelieu. Il mourut à Saint-Germain-en-Laye le 14 mai 1643.

Petit pavillon de chasse édifié à l'origine en 1624 par Louis XIII qui le fit rebâtir en 1631, Versailles séduisit très vite Louis XIV. Le Roi-Soleil y accomplit des travaux de plus en plus considérables de 1661 à 1681. Le 6 mai 1682, il décida d'en faire la résidence de la Cour et le siège du Gouvernement, destination que Versailles conserva jusqu'au 6 octobre 1789 lorsque, sous la poussée révolutionnaire, la famille royale dut regagner Paris. Versailles fut donc la capitale de la France pendant un peu plus de cent ans, et plus qu'un simple château, ce fut aussi une cité administrative avec ministères et logements de fonctionnaires.

En réalité seul le corps central était la véritable habitation du Roi. Les ailes du midi et du nord (à cette dernière se greffant la Chapelle et l'Opéra) étaient réservées aux princes et aux personnes ayant charge à la Cour.

De part et d'autre de la Cour d'Honneur, les ailes des Ministres étaient le siège de l'Administration; derrière l'aile sud des Ministres, le Grand Commun abritait les services personnels du Roi. Face au château, au-delà de la Place d'Armes, se trouvaient les Écuries du Roi et les remises des carrosses.

D'autres bâtiments furent peu à peu édifiés selon les besoins : Surintendance, Chancellerie, Écuries de la Reine.

Louis XIV, fils de Louis XIII, est né au château de Saint-Germain-en-Laye, le 5 septembre 1638. Après un règne personnel qui marqua l'apogée de la monarchie française, il mourut à Versailles le 1er septembre 1715.

Louis XV, arrière petit-fils de Louis XIV, naquit à Versailles le 15 février 1710. Sous son règne la civilisation française rayonna sur l'Europe. Il mourut à Versailles, le 10 mai 1774.

Sous Louis XV, les Ministères de la Guerre et des Affaires Étrangères trop à l'étroit dans les ailes des Ministres, furent dotés de bâtiments nouveaux au sud du Grand Commun.

C'est donc si l'on peut dire « toute l'histoire de France » qui se déroula à Versailles pendant les règnes de Louis XIV, de Louis XV et de Louis XVI. Mais c'est aussi à Versailles que, à un moment des plus privilégiés, put s'épanouir l'art sous toutes ses formes : le château était avant la Révolution un véritable musée où tout le monde « à condition d'être décemment vêtu », était admis. Le fonds du Musée du Louvre, de la Bibliothèque Nationale, du Jardin des Plantes, du Cabinet des Médailles provient des collections de souverains qui furent en même temps grands amateurs de musique, de littérature et de théâtre et firent de leur capitale le centre européen de la civilisation des XVIIe et XVIIIe siècles.

Vidé de ses chefs-d'œuvre par la Révolution, ayant été restauré par Napoléon et Louis XVIII (sans avoir pu être habité par ces souverains), Versailles semblait devoir être abandonné ou même détruit quand Louis-Philippe décida de le transformer en « Musée dédié à toutes les Gloires de la France » où le meilleur et le pire étaient mêlés. Seul le premier étage du corps central fut à peu près sauvegardé.

Louis XVI, petit-fils de Louis XV naquit à Versailles le 25 août 1754. Il ne put contenir l'irrésistible poussée révolutionnaire et périt sur l'échafaud le 21 janvier 1793.

Il appartenait à notre siècle de poursuivre la réorganisation du Musée commencée par Pierre de Nolhac et, après en avoir élagué les collections, de procéder au regroupement des œuvres : soit dans l'aile du nord pour le XVIIe siècle, sur des fonds d'étoffes tissées d'après des modèles anciens, soit au rez-de-chaussée du corps central pour le XVIIIe siècle, dans des pièces qui retrouvent progressivement leur décor d'avant la Révolution, soit dans les attiques pour le Consultat et l'Empire, sur des fonds d'étoffes rappelant les palais impériaux.

Mais ce qui attire surtout le public à Versailles, c'est l'ancienne demeure des Rois de France. Si cette « royale beauté » qui émerveillait les contemporains de Louis XIV ne peut ressurgir, les efforts entrepris depuis une trentaine d'années nous restituent des décors que connurent ou Louis XV ou Louis XVI.

La première restauration spectaculaire a été celle de l'Opéra puis ce furent successivement le Cabinet Intérieur du Roi et son Salon des Jeux, le Salon des Nobles de la Reine et sa Chambre, enfin la Galerie des Glaces et la Chambre de Louis XIV.

Parallèlement, l'empreinte de Napoléon au Grand Trianon a retrouvé un nouvel éclat et le Petit Trianon renaît à l'élégance que lui conféra Marie-Antoinette.

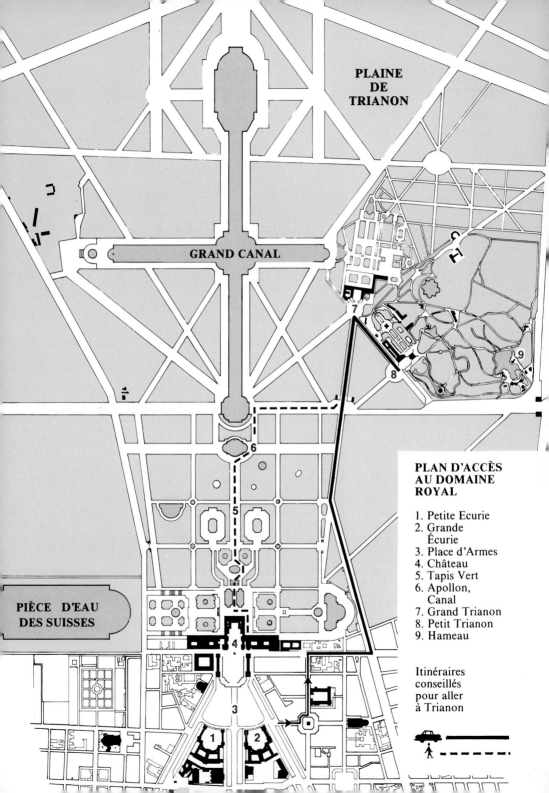

PLAINE
DE
TRIANON

GRAND CANAL

PIÈCE D'EAU
DES SUISSES

**PLAN D'ACCÈS
AU DOMAINE
ROYAL**

1. Petite Ecurie
2. Grande
   Écurie
3. Place d'Armes
4. Château
5. Tapis Vert
6. Apollon,
   Canal
7. Grand Trianon
8. Petit Trianon
9. Hameau

Itinéraires
conseillés
pour aller
à Trianon

Versailles vers 1668
par Pierre Patel

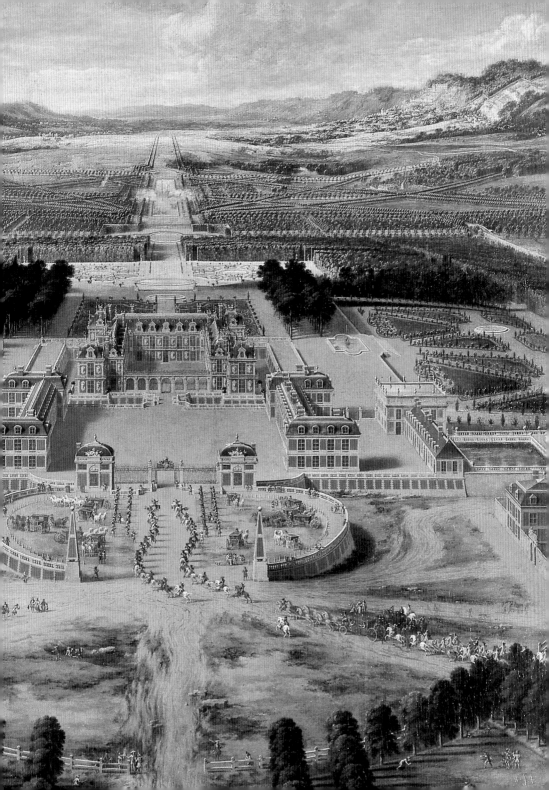

ÉTAGE D'ATTIQUE

1 Voûte de la Salle
de 1830
2 Verrière de la Galerie
des Batailles
3 Attique du Midi - Musée
d'Histoire : Le 1er Empire.
4 Voûte de la Salle
du Sacre
5 Suite des Petits
Cabinets de la Reine
(en étage intermédiaire)

6 Attique Chimay - Musée
d'Histoire : Révolution,
Directoire, Consulat.
7 Voûte de la Galerie
des Glaces.
8 Petits Appartements
du Roi, (niveau supérieur)
9 Appartement de
Madame de Pompadour
10 Appartement
de Madame du Barry

11 Appartement
de Monsieur de Maurepas
12 Voûte du Salon
d'Hercule
13 Voûte du Salon
de la Chapelle
14 Salles du Musée
d'Histoire :
Le XIXe siècle
15 Appartement
du Prince de Beauvau

PREMIER ÉTAGE

plan détaillé de la partie centrale pages 20-21

16 Salle de 1830
17 Galerie des Batailles
18 Salle du Congrès
19 Palier supérieur
de l'Escalier des Princes
20 Salle de 1792
21 Appartement
de Madame de Maintenon
22 Salle du Sacre
23 Loggia de l'Escalier
de la Reine
24 Appartement de la Reine
25 Cabinets Intérieurs
de la Reine
26 Appartement du Roi

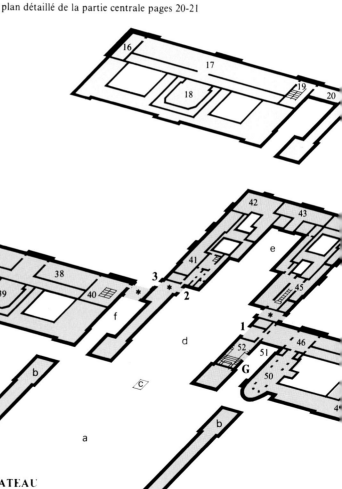

LES COURS D'ENTRÉE

a. Cour d'Honneur
b. Ailes des Ministres
c. Statue de Louis XIV
d. Cour Royale
e. Cour de Marbre
f. Cour des Princes
* Passages
vers les jardins

1 2 3 G ENTRÉES DU CHATEAU

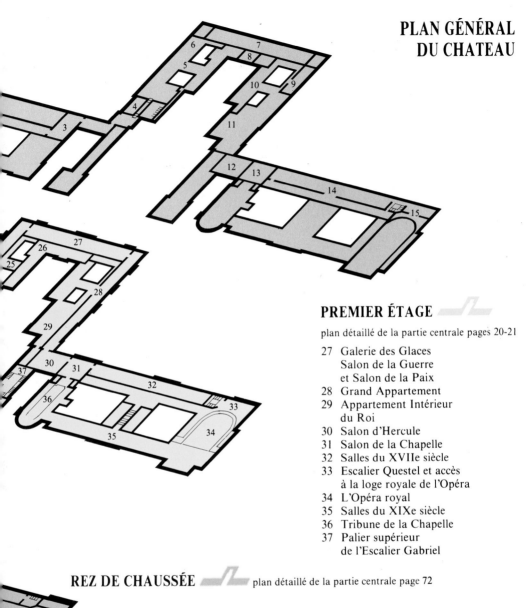

PLAN GÉNÉRAL DU CHATEAU

PREMIER ÉTAGE

plan détaillé de la partie centrale pages 20-21

REZ DE CHAUSSÉE

plan détaillé de la partie centrale page 72

LE CHATEAU

LES COURS D'ENTRÉE

Après avoir passé la grille couronnée des armes de France, le visiteur traverse la Cour d'Honneur bordée au nord et au sud par deux longues ailes en brique et pierre dites ailes des Ministres.

La grande statue équestre de Louis XIV a été placée ici par Louis-Philippe.

Au-delà s'étend la Cour Royale, jadis séparée de la Cour d'Honneur par une grille. Dans la Cour Royale seuls les seigneurs ayant droit à ce que l'on appelait « les Honneurs du Louvre » pouvaient pénétrer en carrosse. Cette cour est bordée à droite par l'aile Gabriel, embryon de la reconstruction du château projetée sous Louis XV; à gauche par « l'aile vieille », construite dès 1662 et dont l'extrémité fut rebâtie au début du XIXe siècle en symétrie avec l'aile Gabriel.

Ensuite, deux petites ailes donnent accès, par des grilles dorées, à gauche à l'Escalier de la Reine, à droite au vestibule de l'ancien Escalier des Ambassadeurs.

Enfin, avec son dallage surélevé remis au niveau d'origine, la Cour de Marbre est entourée de façades de brique et de pierre qui correspondent au petit château bâti par Louis XIII en 1631.

La Cour Royale
l'aile Gabriel et la Chapelle

LES SALLES
DU XVIIᵉ SIÈCLE

Après la traversée du vestibule
d'entrée, dit Vestibule Gabriel,
et du Vestibule bas de la Chapelle, on pourra commencer la
visite du château par les salles
occupant le rez-de-chaussée et
le premier étage de l'Aile du
Nord du côté du parc. Cette
partie du château était autrefois
réservée à des appartements
princiers que l'on détruisit
quand Louis-Philippe transforma Versailles en musée.

Après une première salle où
sont réunis des portraits du
XVIᵉ siècle provenant de la col-
lection Gaignières, ces salles
sont consacrées à l'iconogra-
phie du XVIIᵉ siècle et servent
ainsi d'introduction à l'histoire
du château et à la visite de ses
appartements.

Après les règnes des prédéces-
seurs de Louis XIV, on verra
évoqués la Régence d'Anne
d'Autriche, la Fronde et le
mouvement Janséniste, les
premiers artistes de Versailles,
la politique extérieure de la
France au début du règne de
Louis XIV.

Grâce à différents portraits de
Louis XIV, des princes et princesses de sa famille, grâce à des
vues anciennes des châteaux
royaux, à des scènes militaires
dues à Van der Meulen ou à ses
élèves, à de grandes compositions rappelant des événements
importants du règne, le visiteur
s'imprègne peu à peu de l'histoire du Grand Siècle. De
nombreux portraits d'artistes

de l'Académie royale dont le
talent contribua à la magnificence du Roi-Soleil et au
rayonnement de la France sont
en outre exposés ici.

Dans la dernière salle précédant le Vestibule haut de la
Chapelle, un grand carton de
tapisserie, représentant l'audience donnée par Louis XIV
au doge de Gênes à Versailles le

15 mai 1685, montre le Roi
dans la Galerie des Glaces
encore ornée du mobilier d'argent qui devait être fondu en
1689.

Toutes les œuvres exposées ne
sont pas d'égale qualité ; cependant on s'est efforcé de ne
présenter que des sculptures et
des tableaux contemporains
des faits évoqués.

*Premier étage
des salles du XVIIᵉ siècle*

*Le Vicomte de Turenne
par Le Brun*

LA CHAPELLE ROYALE

Dédiée à Saint-Louis, ancêtre des Rois de France, elle est la cinquième chapelle du château de Versailles. Les précédentes n'avaient pas eu la même majesté et très rapidement se révélèrent trop petites; ce n'est qu'en 1699 que les plans en furent présentés par Hardouin-Mansart dont le beau-frère Robert de Cotte acheva l'œuvre en 1709.

Située près de l'aile du nord, elle est bâtie selon le schéma traditionnel des chapelles palatines à deux niveaux (comme la Sainte Chapelle de Paris). Simplement ici la tradition a été adaptée au style classique. Toute la décoration souligne le parallélisme entre l'Ancien et le Nouveau Testament avec, en particulier, les peintures de la voûte, œuvres de Jouvenet, Coypel et La Fosse qui rappellent le dogme de la Trinité, ou le relief ornant le buffet d'orgue (au-dessus de l'autel) représentant le Roi David. Les chapelles latérales sont dédiées quant à elles, à différents saints patrons de la famille royale et ne reçurent souvent leur décor que sous Louis XV. Du règne de ce dernier date également la chapelle du Sacré-Cœur aménagée par Gabriel derrière le maître-autel.

Consacrée le 5 juin 1710 par le Cardinal de Noailles, ce n'est donc pas dans cette chapelle que se déroulèrent les principales cérémonies religieuses de la vie versaillaise de Louis XIV. En revanche, à partir de ce moment là, en dehors même des messes quotidiennes ou des cérémonies de l'Ordre du Saint-Esprit, tous les baptêmes et mariages des enfants de France et des princes du Sang y furent célébrés : en particulier les deux mariages successifs du Dauphin fils de Louis XV en 1745 et en 1747 et le mariage du futur Louis XVI avec l'archiduchesse Marie-Antoinette en 1770.

De 1710 à 1789 de nombreux Te-deum y furent également chantés pour fêter les victoires ou les naissances royales. En temps ordinaire le Roi et la Reine se tenaient dans la tribune du premier étage, face à l'autel, où a pu être remis en place un tapis de Savonnerie livré en 1760.

LE VESTIBULE HAUT DE LA CHAPELLE

Reliant la tribune royale aux Grands Appartements, le Vestibule haut de la Chapelle est un grand salon dallé de marbres de couleurs à décor mural de pierre avec, dans deux niches, les figures de « La Gloire soutenant le médaillon de Louis XV » par Vassé et « La Magnanimité royale » par Bousseau.

*La Chapelle Royale
le maître-autel*

*Le vestibule haut
de la Chapelle*

LE SALON D'HERCULE

Au premier étage du château, sur l'emplacement qu'occupa de 1682 à 1710 la quatrième chapelle, ce salon est situé au point de jonction du corps central et de l'aile du nord.

Basée sur le jeu coloré des marbres, la décoration en fut entreprise en 1712 par Robert de Cotte qui voulut créer un cadre digne du chef-d'œuvre de Véronèse « le repas chez Simon » que la République de Venise avait offert au Roi. Interrompus en 1715 par la mort de Louis XIV, les travaux furent repris en 1725 et achevés de 1733 à 1736 avec l'extraordinaire plafond peint par François Lemoine qui représente « l'apothéose d'Hercule ». La même divinité a été sculptée en bronze par Vassé sur le manteau de la cheminée monumentale surmontée d'une autre peinture de Véronèse : « Eliézer et Rebecca ».

Ce salon, le plus vaste du château, servait aussi bien de passage quand le Roi se rendait à la chapelle, que de salle de bal ou même de salle d'audience : en 1739, grand bal paré offert par Louis XV (le bal paré était un bal en grand habit où chaque danseur avait sa place bien déterminée); en 1769, grand couvert pour le mariage du duc de Chartres; en 1789, présentation des députés des États-Généraux au Roi.

Le Salon d'Hercule

PLAN DU 1er ÉTAGE
DU CHATEAU

L'APPARTEMENT
DE LA REINE

LES CABINETS INTÉRIEURS
DE LA REINE (122)

APPARTEMENT DE
MADAME DE MAINTENON

8

GALERIE D

9

17

f

e

Cour
du
Dauphin

d

10

16

b

c

a

11

Cour
de la
Reine

15

14

12

13

CC
I
MA

g

h

i

CC
RO

Salle
du Sacre

j

Salle
144

PREMIER

Salle
de 1792

AILE DU MIDI

Galerie
des
Batailles

Escalier
des
Princes

Cour
des
Princes

Vieille
Aile

COU
D'HON

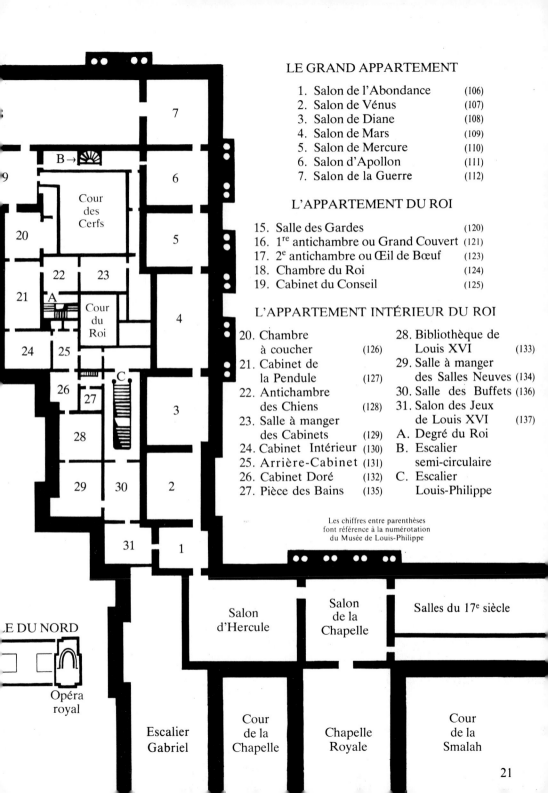

LE GRAND APPARTEMENT

1. Salon de l'Abondance (106)
2. Salon de Vénus (107)
3. Salon de Diane (108)
4. Salon de Mars (109)
5. Salon de Mercure (110)
6. Salon d'Apollon (111)
7. Salon de la Guerre (112)

L'APPARTEMENT DU ROI

15. Salle des Gardes (120)
16. 1re antichambre ou Grand Couvert (121)
17. 2e antichambre ou Œil de Bœuf (123)
18. Chambre du Roi (124)
19. Cabinet du Conseil (125)

L'APPARTEMENT INTÉRIEUR DU ROI

20. Chambre
    à coucher (126)
21. Cabinet de
    la Pendule (127)
22. Antichambre
    des Chiens (128)
23. Salle à manger
    des Cabinets (129)
24. Cabinet Intérieur (130)
25. Arrière-Cabinet (131)
26. Cabinet Doré (132)
27. Pièce des Bains (135)

28. Bibliothèque de
    Louis XVI (133)
29. Salle à manger
    des Salles Neuves (134)
30. Salle des Buffets (136)
31. Salon des Jeux
    de Louis XVI (137)
A. Degré du Roi
B. Escalier
    semi-circulaire
C. Escalier
    Louis-Philippe

Les chiffres entre parenthèses
font référence à la numérotation
du Musée de Louis-Philippe

21

LE GRAND APPARTEMENT

On désigne ainsi la suite de salons qui occupe le premier étage de la partie nord du corps central du château et ouvre sur le parc.

Sa décoration fut réalisée sous la direction de Charles Le Brun. Cet appartement subit plusieurs modifications : de 1673 à 1682 il abrita effectivement l'Appartement du Roi avec une salle des gardes (Salon de Mars), une antichambre (Salon de Mercure), une chambre (Salon d'Apollon); puis venaient des Cabinets qui disparurent lors de la création du Salon de la Guerre et de la Galerie des Glaces.

En 1682, Louis XIV fixa le siège de son gouvernement à Versailles et fit alors aménager un nouvel appartement d'habitation autour de la Cour de Marbre, appartement qui fut agrandi après la mort de la Reine en 1683.

A partir de ce moment, le Grand Appartement, auquel on accédait depuis l'Escalier des Ambassadeurs par les Salons de Vénus et de Diane, fut réservé aux cérémonies de la Cour et aux divertissements offerts les lundi, mercredi et jeudi et que l'on appelait « soirées d'appartement ». Le fabuleux mobilier d'argent que le Roi se résolut à faire fondre en 1689 fut remplacé par un mobilier de bois sculpté et doré.

Très rapidement la perfection

*L'enfilade des salons
du Grand Appartement*

du décor de ces pièces s'imposa à tel point que jamais on ne songea à le modifier, même lors des projets de transformation du château au XVIIIe et au XIXe siècles.

LE SALON DE L'ABONDANCE

Vestibule de la chapelle quand celle-ci occupait l'actuel Salon d'Hercule, le Salon de l'Abondance ouvrait par sa porte du fond sur le Cabinet des Curiosités et des Raretés (actuel Salon des Jeux de Louis XVI). Le plafond, œuvre de Houasse, représente « La Magnificence royale » et surtout, posées sur une balustrade feinte, quelques-unes des plus belles pièces des collections de Louis XIV qui ont inspiré ce décor et donné son nom au Salon de l'Abondance.

Les soirs d'appartement, le salon servait de salle des buffets pour les boissons : « Trois grands buffets sont aux trois côtés du même salon. Celui du milieu est pour les boissons chaudes comme café, chocolat. Les deux autres buffets sont pour les liqueurs, les sorbets et les eaux de plusieurs fruits ».

De nos jours un velours de Gênes à galons d'or recouvre les murs décorés de portraits royaux. Des meubles médailliers inspirés de dessins de Boulle, des bustes antiques des collections royales, rappellent le luxe de cette première pièce des Grands Appartements.

Le Salon de l'Abondance

23

LE SALON DE VÉNUS

Comme le salon suivant dédié à Diane, le Salon de Vénus servit jusqu'au milieu du règne de Louis XV (1752) de vestibule haut de l'Escalier des Ambassadeurs; il a entièrement conservé son décor de marbre mettant en valeur, dans une niche faisant face aux fenêtres, une statue de Louis XIV en empereur romain par Jean Warin.

Première divinité du cycle mythologique du Grand Appartement, Vénus apparaît dans le plafond de Houasse où le peintre a représenté « la déesse de l'amour assujetissant à son Empire Divinités et Puissances ». Dans les angles sont figurés des couples d'amants célèbres de l'Antiquité.

Des peintures murales revêtent trois côtés : entre les fenêtres les deux statues en trompe-l'œil de « Méléagre » et « Atalante » et sur les parois latérales, des perspectives feintes, œuvres de Jacques Rousseau.

Les soirs d'appartement, on voyait « tout autour, plusieurs tables sur lesquelles (la collation était) dressée... Comme toute cette collation (n'était) servie que pour être entièrement dissipée, elle demeurait exposée pendant les quatre heures que duraient les divertissements, et chacun choisissait et prenait soi-même ce qui était le plus de son goût. »

*Porte de l'Escalier
des Ambassadeurs*

Salon de Vénus
Louis XIV par Jean Warin

Le Salon de Diane,
buste de Louis XIV par le Bernin

LE SALON DE DIANE

Ce salon est dédié à la sœur d'Apollon, Diane, déesse de la nuit, représentée par Blanchard au centre du plafond « présidant à la chasse et à la navigation ». Thèmes repris dans les voussures où Audran a peint « Cyrus chassant le sanglier », à gauche, et « César envoyant une colonie romaine à Carthage », au fond. Côté fenêtre, La Fosse a peint « Alexandre à la chasse au lion » et vers la cheminée « Jason et les Argonautes ». Le même peintre a représenté « Diane sauvant Iphigénie » au-dessus de la cheminée. En face apparaît, peinte par Blanchard, la déesse veillant sur le sommeil d'Endymion. Contre le mur du fond, point fort du décor de marbre intact depuis trois siècles, est placé le buste de Louis XIV exécuté par le Bernin. Huit bustes antiques à tête de marbre ou de porphyre accompagnent celui du Roi. Encastré dans la cheminée un bas-relief de Sarrazin évoque la Fuite en Égypte.

Le Salon de Diane fut à l'origine utilisé comme salle de Billard. La table de billard recouverte d'un tapis de velours cramoisi à franges d'or, était placée au centre de la pièce. Le long des murs, des estrades garnies de tapis de Perse permettaient aux dames de la Cour de suivre les parties de ce jeu où le Grand Roi excellait.

Au-dessus de la cheminée
Diane sauvant Iphigénie

LE SALON DE MARS

De la destination de Salle des Gardes que cette pièce eut à l'origine, le Salon de Mars a conservé sa corniche ornée de casques et de trophées guerriers. Au centre du plafond, le dieu de la Guerre a été représenté par Audran. La cheminée était au temps de Louis XIV flanquée de deux tribunes réservées aux musiciens qui jouaient les soirs d'appartement : c'est qu'en effet le Salon de Mars, après avoir été utilisé comme salon de jeux, était en ces occasions transformé en salle de concert, puis de bal. Les tribunes furent supprimées sous Louis XV. C'est à cette époque que furent placés dans ce salon deux portraits du Roi et de la Reine par Van Loo. Celui de Marie Leczinska a pu retrouver sa place, celui de Louis XV a été remplacé par une autre image du souverain, par L.M Van Loo. Le « David jouant de la harpe » par le Dominiquin que l'on voit au-dessus de la cheminée, était sous l'Ancien Régime dans la chambre du Roi en hiver.

Le mobilier comportait au temps de Louis XIV deux grands cabinets de pierres dures ; plus tard sont mentionnées dix-huit banquettes tendues de soierie cramoisie et deux grands miroirs placés entre les fenêtres.

Sur le mur du fond, de part et d'autre de la cheminée, sont accrochés deux tableaux « La Famille de Darius aux pieds d'Alexandre » de Le Brun et "Les Pélerins d'Emmaüs" d'après Véronèse.

Les deux vases en porphyre se trouvaient déjà dans ce salon sous l'Ancien Régime.

Le Salon
de Mars

LE SALON DE MERCURE

Rien dans cette pièce ne rappelle malheureusement le luxe éblouissant de son décor quand elle servait sous Louis XIV de chambre d'apparat : les murs étaient recouverts de panneaux de brocarts, le lit en très riches broderies était séparé de la pièce par une balustrade d'argent. Le reste du mobilier était également en argent, qu'il s'agisse de la table, du miroir de 3 mètres de haut placé entre les fenêtres, des chenets, des chandeliers ou du lustre. Tout fut fondu en 1689. En revanche, le plafond peint par Jean-Baptiste de Champaigne subsiste, de même que la pendule à automates offerte à Louis XIV par A. Morand en 1706 et placée aussitôt dans cette chambre ; déjà à cette date le Roi n'y couchait plus. Cependant le Salon de Mercure retrouva plusieurs fois sa destination initiale : en 1700 quand il fut utilisé par le duc d'Anjou devenu roi d'Espagne sous le nom de Philippe V ; en 1701 quand le roi lui-même y habita à nouveau pendant l'achèvement de sa nouvelle chambre ; en 1715, après sa mort, quand son cercueil y fut exposé. Le damas tendu sur les murs de ce salon ainsi que sur ceux du précédent et du suivant rappelle les soieries qui décorèrent ces pièces, en été, de 1743 à la Révolution.

Les deux commodes ont été exécutées en 1708 Par A. Ch. Boulle pour le Grand Trianon

Le Salon de Mercure

29

LE SALON D'APOLLON

Les salons du Grand Appartement s'achevaient par le Salon d'Apollon, le plus somptueux de tous. Il était consacré au symbole du Roi : le Soleil. On voit en effet, au centre du plafond peint par Charles de La Fosse « Apollon dans son char tiré par quatre chevaux et accompagné des saisons ».

Ici était la Salle du Trône, ornée de velours brodé d'or en hiver et de brocart d'or et d'argent en été. Le trône, avec un dossier haut de deux mètres soixante, était surmonté d'un dais orné d'une figure de Renommée. En argent jusqu'en 1689, ce trône fut ensuite remplacé par un siège semblable en bois doré, qui fut lui-même renouvelé sous le règne de Louis XV.

C'est dans ce salon que le souverain donnait ses audiences solennelles, les audiences extraordinaires ayant lieu dans la Galeries des Glaces. Mais, les soirs d'appartement, Louis XIV très musicien comme son père Louis XIII, consacrait le Salon d'Apollon à la musique et l'abbé Bourdelot raconte en 1683 : « (le Roi) n'était pas sur son trône ; il y avait trois carreaux sur les bords de l'estrade ; je fus étonné qu'il se fût assis là sans façon... J'admirais les airs que Sa Majesté commandait que l'on chantât ; (...) ici, parmi les siens, il est accessible à tout le monde. » De nos jours le monarque lui-même est présent grâce au portrait de Rigaud placé au-dessus de la cheminée. Lui faisant face est le portrait de Louis XVI également en habit royal par Callet. Au fond du salon une tapisserie marque l'emplacement du trône. Les torchères avaient été commandées en 1769 par Louis XV pour la Galerie des Glaces.

*Le plafond du
Salon d'Apollon*

*Le Salon de
la Guerre*

LE SALON DE LA GUERRE

Ce salon est situé au bout des Grands Appartements du Roi, mais n'en fait plus partie. Il forme, avec la Galerie des Glaces et le Salon de la Paix, l'ensemble le plus fameux de Versailles au premier étage du corps central. Mansart en commença la construction en 1678. Le Brun acheva la décoration en 1686. Elle célèbre les victoires militaires qui aboutirent à la paix de Nimègue. Le plafond nous montre en son centre « la France armée »; un portrait de Louis XIV orne son bouclier.

Dans les voussures les puissances coalisées sont représentées : l'Allemagne à genoux avec son aigle, l'Espagne menaçante avec un lion, la Hollande renversée sur le lion des Flandres et dans la quatrième voussure est la déesse de la Guerre, Bellone, entre la Rebellion et la Discorde.

Les murs sont entièrement ornés de marbres avec trophées de bronze doré achevés seulement en 1701. Le mur mitoyen avec le Salon d'Apollon est occupé par un grand bas-relief ovale en stuc de Coysevox représentant Louis XIV à cheval traversant un champ de bataille. Il est surmonté de deux figures de Renommées. Deux captifs enchaînés le soutiennent, œuvres de Coysevox, comme le bas-relief de « Clio écrivant l'histoire du Roi » occupant le foyer de la cheminée.

LA GALERIE DES GLACES

Jusqu'en 1678 il n'y avait à son emplacement qu'une terrasse. Louis XIV chargea alors Mansart de construire une galerie, achevée en 1686, dont Le Brun dirigea la décoration. La galerie est éclairée par dix-sept fenêtres auxquelles répondent dix-sept arcades garnies de glaces. Entre les pilastres, des niches abritaient quelques-uns des plus beaux antiques des collections royales; certains ont pu retrouver leur place. En 1689 les torchères, vases et tables d'argent qui ornaient la galerie furent remplacés par un mobilier de bois doré plusieurs fois renouvelé, en particulier en 1769-1770. C'est cet état qui a pu être restauré. La Galerie des Glaces servait de lieu de passage. Les courtisans y attendaient tous les jours le Roi et la famille royale qui se rendaient en cortège à la messe. Elle était aussi le cadre des réceptions d'ambassadeurs ou des audiences extraordinaires. Tout au long des règnes de Louis XV et de Louis XVI y eurent lieu les bals en l'honneur des mariages princiers. Après la Révolution de grands événements s'y déroulèrent encore, comme le 18 janvier 1871, la proclamation de l'Empire allemand ou, le 28 juin 1919, la signature du traité de Versailles mettant fin à la Première Guerre Mondiale.

*La Galerie
des Glaces*

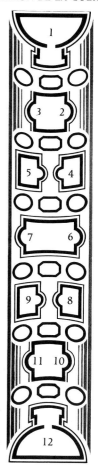

1

3   2

5   4

7   6

9   8

11   10

12

SALON DE LA PAIX

Compositions de la voûte dues à Charles Le Brun : depuis le Salon de la Guerre jusqu'au Salon de la Paix :

1. Alliance de l'Allemagne et de l'Espagne avec la Hollande, 1672.

2. Passage du Rhin en présence des ennemis, 1672

3. Le Roi prend la ville de Maës-tricht en treize jours, 1673.

4. Le Roi donne ses ordres pour attaquer en même temps quatre des plus fortes places de la Hollande, 1672.

5. Le Roi arme sur terre et sur mer, 1672.

6. Le Roi gouverne par lui-même, 1661.

7. Faste des puissances voisines de la France.

8. La Franche-Comté conquise pour la seconde fois, 1674.

9. Résolution prise de faire la guerre aux Hollandais, 1671.

10. Prise de la ville et citadelle de Gand en six jours, 1678.

11. Mesures des Espagnols rompues par la prise de Gand.

12. La Hollande accepte la Paix et se détache de l'Allemagne et de l'Espagne, 1678.

Plafond de la Galerie des Glaces : détail du motif central

Le Salon de la Paix

34

L'APPARTEMENT DE LA REINE

Cet appartement situé au premier étage du corps central du côté du midi fut habité par toutes les reines et plusieurs dauphines. Il se compose d'une salle des gardes, de deux antichambres, d'une chambre à coucher et d'un salon des jeux qui n'est autre que le Salon de la Paix par où commence la visite de cet appartement.

LE SALON DE LA PAIX

C'est le pendant exact du Salon de la Guerre mais le plafond, également de Le Brun, montre « l'apothéose de la France apportant la paix », avec dans les voussures, les mêmes nations que dans le salon précédent, mais cette fois pacifiées. Le décor des murs est également de marbres et de bronzes; ici la cheminée est surmontée d'une peinture placée seulement en 1729; œuvre de Lemoine, elle représente « Louis XV donnant la paix à l'Europe ».

Dès la fin du règne de Louis XIV le Salon de la Paix fut annexé à l'Appartement de la Reine au profit de la Dauphine de Bourgogne. Ce fut désormais le salon des jeux de la Reine. Marie Leczinska, épouse de Louis XV, y offrait en outre chaque dimanche des concerts de musique sacrée ou profane.

Une cloison ferma dès lors l'arcade séparant le Salon de la Paix de la Galerie des Glaces et c'est contre cette arcade que Marie-Antoinette fit dresser en 1778 un petit théâtre afin de se distraire pendant qu'elle attendait la naissance de son premier enfant.

LA CHAMBRE DE LA REINE

En 1729 le décor de Le Brun fut renouvelé pour Marie Leczinska. Les travaux dirigés par Gabriel furent achevés en 1735 : aux sculptures des boiseries de Verberckt répondent les peintures en grisaille du plafond de Boucher et les dessus de portes de Natoire et De Troy. En 1770, pour Marie-Antoinette, on ajouta dans les voussures du plafond l'aigle à deux têtes de la Maison d'Autriche. Devenue reine, elle fit placer en 1775, au-dessus des glaces, les portraits en tapisserie de Louis XVI, de sa mère l'Impératrice Marie-Thérèse et de son frère Joseph II. En 1786, elle fit poser la cheminée que l'on voit encore. Le « meuble » d'été (c'est-à-dire les tentures) commandé en 1786 a pu être reconstitué. C'est celui que connut la Reine lors de sa dernière nuit versaillaise du 5 au 6 octobre 1789. On a resculpté l'impériale du lit et une balustrade. On a pu replacer le meuble à bijoux de Schwerdfeger, l'écran de cheminée, les feux et la pendule-cartel contre le miroir entre les fenêtres. La Reine passait ici une grande partie de son existence règlée par l'étiquette. Elle y recevait chaque matin ses audiences particulières. Rappelons que dans cette chambre sont mortes deux reines, deux dauphines et que dix-neuf enfants de France y ont vu le jour.

*La Chambre
de la Reine*

36

LE SALON DES NOBLES

C'est ici que la Reine accordait ses audiences et se faisait présenter les dames nouvellement admises à la Cour. Pour ces occasions le fauteuil de la souveraine était installé sur une estrade face aux fenêtres sous un dais soutenu par deux pitons que l'on voit encore plantés dans la corniche.

Mais c'est également ici qu'étaient exposés les cercueils des princesses (Reines ou Dauphines) mortes dans la chambre voisine. Ainsi, du 18 au 23 février 1712 une foule ininterrompue vint se recueillir devant les corps du Dauphin et de la Dauphine parents de Louis XV.

Salle d'audience, chapelle ardente, ce salon était le plus généralement la pièce où la Reine tenait son cercle et où, le matin, les nobles attendaient son lever (d'où le nom de Salon des Nobles qui lui est resté).

Du décor initial ne subsiste que le plafond peint par Michel Corneille pour Marie-Thérèse. Pour le reste, tout a été renouvelé pour Marie-Antoinette en 1785 lors de la naissance de son second fils (le futur Louis XVII). De cette époque datent la cheminée, les commodes et encoignures de Riesener. Sur les murs tendus d'une soierie vert pomme un grand portrait en tapisserie de Louis XV est accompagné de tableaux de Boucher.

*Le Salon
des Nobles*

L'ANTICHAMBRE DE LA REINE

Le plafond orné de sujets guerriers rappelle que cette grande pièce fut la Salle des Gardes de Marie-Thérèse, avant de devenir antichambre quand la Dauphine Marie-Anne de Bavière, sa belle-fille, occupa l'appartement des Reines.

Dans cette salle se tenaient en permanence les valets de pieds et les visiteurs qui attendaient d'être reçus en audience. On utilisa très tôt cette antichambre comme salle de théâtre ou de concert et c'est ainsi qu'on y joua « Polyeucte » de Corneille et « Le Misanthrope » de Molière pendant une des grossesses de la Dauphine de Bourgogne. Plus tard Marie-Antoinette fit dresser une tribune pour ses musiciens, contre le mur mitoyen avec la Salle des Gardes. Notons que cette antichambre est également appelée Antichambre du Grand Couvert car c'est ici que le Roi et la Reine dînaient en public : cela faisait le bonheur des provinciaux qui après avoir vu (la Reine) manger sa soupe, allaient voir les princes manger leur bouilli, et qui couraient ensuite à perte d'haleine pour aller voir Mesdames manger leur dessert. » Le décor de la pièce a presque entièrement pu être reconstitué sauf le centre du plafond qui représentait le dieu Mars et a été remplacé au XIXᵉ siècle par une copie ancienne de « La tente de Darius » de Le Brun.

Parmi les portraits exposés dans cette salle, deux tableaux de Madame Vigée-Lebrun représentent Marie-Antoinette : l'un, en grande robe blanche, l'autre, en compagnie de ses enfants.

*L'Antichambre
de la Reine*

*La Salle des Gardes
de la Reine*

LA SALLE DES GARDES DE LA REINE

Chapelle jusqu'en 1676, cette pièce devint alors Salle des Gardes de la Reine. Son décor de marbres achevé en 1681 est resté intact, de même que son plafond dédié à Jupiter, œuvre de Noël Coypel. De Coypel également, et relatives à Jupiter, sont les deux peintures qui ornent l'une le dessus de la cheminée, l'autre le mur lui faisant face. On remarquera qu'ici les dessus de portes ne sont pas peints, mais ornés de bas-reliefs en métal doré dus à Le Gros et Massou.

Cette salle était en permanence encombrée de rateliers d'armes et de paravents dissimulant les lits de camps des gardes. Ici les dames de la Cour, à l'exception des princesses du Sang, laissaient leurs chaises à porteurs avant de se rendre chez la Reine. Des événements importants se déroulèrent dans cette salle, Louis XV y tint plusieurs fois un « Lit de Justice », c'est-à-dire qu'en sa présence le Parlement de Paris convoqué ne pouvait que s'incliner devant les décisions royales. Le 6 octobre 1789, les émeutiers qui tentaient d'envahir le château rencontrèrent dans cette salle la résistance héroïque des gardes dont le dévouement donna le temps à la Reine d'aller se réfugier chez le Roi.

Le Sacre de Napoléon Ier
par David

LA SALLE DU SACRE

La salle dite du Sacre est l'ancienne Grande Salle des Gardes commune au Roi et à la Reine qui avait remplacé la troisième chapelle du château en 1682.

Chaque Jeudi Saint, c'est dans cette salle des gardes que le Roi lavait les pieds de treize enfants pauvres, leur donnait à dîner et leur offrait treize écus dans une bourse. Quand Louis-Philippe transforma le château de Versailles en musée, il décida de consacrer cette immense pièce à l'Empire en y plaçant trois grandes compositions : « La bataille d'Aboukir, le 25 juillet 1799 » toile gigantesque commandée en 1806 par Murat au baron Gros, « Le serment de l'armée fait à l'Empereur après la distribution des Aigles, au Champ de Mars, le 5 décembre 1801 » par David, toile achevée en 1810, enfin « Le sacre de Napoléon Ier par le Pape Pie VII, le 2 décembre 1804 à Notre-Dame de Paris » qui a donné son nom à la salle. David y a représenté le moment précis du couronnement de l'Impératrice. L'œuvre originale a été transportée au Louvre à la fin du XIXe siècle et c'est une réplique terminée par le peintre en exil en 1822 qui figure ici. Au plafond, surélevé sous Louis-Philippe, est une peinture de Callet « Allégorie au Dix-Huit Brumaire ».

LA SALLE DE 1792

Après avoir été sous Louis XVI la Salle des Cent-Suisses, cette pièce qui réunit le corps central du château à l'aile du midi, a été consacrée par Louis-Philippe à l'année 1792. Année qui vit la chute de la Monarchie, mais également les premières guerres révolutionnaires où Louis-Philippe, alors jeune duc de Chartres, s'illustra. C'est pourquoi, outre une série de portraits représentant les principaux officiers de ces campagnes, tels La Fayette, Dumouriez, Kellermann, Bonaparte et Chartres lui-même, ont été placées dans cette salle deux peintures rappelant les batailles de Valmy et de Jemmapes et une troisième montrant le « départ de la Garde Nationale de Paris pour l'armée ».

LA GALERIE DES BATAILLES

Après la Salle de 1792, le visiteur passe par le palier d'un escalier de pierre, appelé l'Escalier des Princes car il donnait accès aux appartements qui occupaient toute l'aile du midi du côté des jardins et étaient réservés aux enfants de France et aux princes du Sang.

C'est à l'emplacement de ces appartements que Louis-Philippe décida de créer l'œuvre la plus importante de ses réalisations versaillaises : la Galerie des Batailles.

Cette galerie fort admirée lors de son inauguration ne peut cependant faire oublier les magnifiques appartements que les architectes Fontaine et Nepveu ont détruits pour édifier ce vaste vaisseau de 120 mètres de long sur 13 mètres de large.

Ici trente-trois tableaux allant de la bataille de Tolbiac à celle de Wagram, quatre-vingt deux bustes de guerriers célèbres et seize tables de bronze portant les noms de héros morts pour la France, concourent à rappeler les fastes militaires aussi bien de la France de l'Ancien Régime que de la France Impériale. Louis-Philippe a voulu en faire un symbole de réconciliation nationale en y intégrant une vaste peinture de Gérard qui rappelle non pas une bataille, mais « l'entrée d'Henri IV à Paris le 22 mars 1594 ». Cette entrée mettait fin aux troubles des guerres de religion et marquait la victoire des Bourbons sur la Ligue. On notera parmi les meilleures peintures de cette galerie, « la bataille de Taillebourg » de Delacroix.

Prolongeant la Galerie des Batailles, la Salle de 1830 visait à marquer la réconciliation définitive entre la Monarchie (de Louis-Philippe) et la Révolution.

Salle de 1792
Le départ des Volontaires

La Galerie
des Batailles

L'ESCALIER DE LA REINE

Bâti de 1679 à 1681, cet escalier faisait pendant, du côté de l'appartement de la Reine, au sud, à l'Escalier des Ambassadeurs du côté de l'Appartement du Roi, au nord.

Des marbres de différentes couleurs constituent la base de sa décoration : « un grand ordre de pilastres ioniques orne le haut de l'escalier avec leurs bases et chapiteaux dorés sur fond de marbre blanc veiné de noir ». Dans une niche du palier deux amours soutiennent un écusson au chiffre du Roi.

Dès 1684 cet escalier servit pour aller aussi bien chez la Reine que chez le Roi car Louis XIV étendit son appartement tout autour de la Cour de Marbre. Ce fut dès lors l'escalier le plus normalement utilisé. En 1701 le mur latéral du côté de la Cour Royale fut percé d'une arcade donnant sur un vestibule desservant la Salle des Gardes du Roi à gauche et l'appartement de Madame de Maintenon à droite.

C'est à ce moment là que fut peinte sur le mur opposé à cette arcade la grande composition avec perspectives feintes que nous voyons encore.

Rappelons que c'est par l'Escalier de la Reine que les Révolutionnaires parisiens envahirent le château le matin du 6 octobre 1789.

Loggia de
l'Escalier de la Reine

Trophée du palier
« au chiffre royal »

47

L'APPARTEMENT DU ROI

LES ANTICHAMBRES

Après la mort de Marie-Thérèse en 1683, Louis XIV annexa à ses appartements la partie sud de la Cour de Marbre jusque-là réservée à la Reine. Son Grand Appartement ouvrant sur le Parterre Nord devint alors un appartement d'apparat et le Roi habita désormais ces nouvelles pièces qui comprennent maintenant une salle des gardes, deux antichambres, une chambre et le cabinet du conseil.

La Salle des Gardes, extrêmement simple, précède la Première Antichambre, dite du Grand Couvert où le Roi dînait en public.

Puis vient la Seconde Antichambre — ou Antichambre des Nobles — appelée plus généralement de l'Œil de Bœuf à cause des ouvertures percées dans sa corniche. Cette pièce a trouvé ses dimensions actuelles en 1701 par la réunion de l'ancien Salon des Bassan (du nom de l'auteur des peintures qui le décoraient) et de la chambre à coucher qu'occupa le Roi de 1683 à 1701.

« C'était dans l'Œil de Bœuf que les princes et les seigneurs attendaient l'heure de son réveil pour entrer dans sa chambre. »

C'est par cette antichambre également que le Roi se rendait chez la Reine.

*Le Salon de
l'Œil de Bœuf*

48

LA CHAMBRE DU ROI

En 1701 Louis XIV transforma le Grand Salon central du château en chambre à coucher. C'est ici qu'il mourut en 1715. C'est également ici qu'il faut se représenter les fameuses cérémonies du lever et du coucher du Roi qui continuèrent à se dérouler dans cette pièce même quand Louis XV eut créé en 1738 sa petite chambre à coucher.

Le décor sculpté, avec dans l'alcôve au-dessus du lit « la France veillant sur le sommeil du Roi » par Coustou, date du Grand Roi. Les peintures encastrées dans les boiseries sont également celles qu'il y avait fait placer. Simplement, en 1761, Louis XV ordonna la dépose de la cheminée initiale de brèche violette du temps de son aïeul et la pose de deux cheminées de marbre bleu turquin.

Les tentures de l'alcôve et du lit sont la reconstitution d'un « meuble » d'été créé en 1705, renouvelé à l'identique en 1723 et resté en place jusqu'en 1785. On a retissé à Lyon ce brocart qui est, comme à l'époque, rebrodé d'or. La restauration de la Chambre du Roi a demandé plus de vingt années.

Le lustre, les douze pliants et les deux fauteuils complètent le mobilier de cette pièce qui a retrouvé désormais le luxe éblouissant qu'elle connut au temps de l'ancienne monarchie.

*La Chambre
du Roi*

LE CABINET DU CONSEIL

Il y eut d'abord ici deux pièces : le Cabinet du Roi où celui-ci tenait ses différents conseils avec ses ministres et le Cabinet des Termes (du nom des sculptures qui l'ornaient) où il réunissait les princes de sa famille après le dîner. Ce second cabinet servait également de Cabinet des Perruques.

En 1755 Louis XV décida de réunir les deux pièces et de créer l'actuel Cabinet du Conseil. Son architecte Ange-Jacques Gabriel commanda alors à Rousseau les magnifiques panneaux de boiseries qui encadrent la somptueuse cheminée en griotte ornée de bronzes dorés. De nos jours des peintures de Houasse ont remplacé des œuvres de Poussin aujourd'hui au Louvre.

Ici, pendant près d'un siècle, furent prises les plus importantes décisions qui engagèrent le destin de la France, comme le renversement des alliances en 1756 et, en 1775, la participation de la France à la guerre d'Indépendance américaine. C'est ici également que le Roi accordait ses audiences particulières, signait les contrats de mariages princiers, recevait condoléances ou félicitations.

Une table du Conseil drapée du même satin broché retissé à Lyon pour les rideaux rappelle le rôle de cette pièce sous l'Ancien Régime.

*Le Cabinet
du Conseil*

L'APPARTEMENT INTÉRIEUR DU ROI

Très tôt Louis XIV se fit aménager des appartements privés. C'étaient surtout, en dehors d'une salle de billard (à l'emplacement de l'actuelle chambre à coucher de Louis XV et de Louis XVI), des cabinets où le Roi se plaisait à réunir certaines des plus belles pièces de ses collections qu'il acceptait de montrer aux amateurs.

Mais c'est à Louis XV que l'on doit ce que l'on appelle maintenant les Appartements Intérieurs. Très vite ce souverain désira avoir une vie intime dans des pièces moins solennelles que celles de son aïeul, et, entre 1738 et sa mort en 1774, il modifia perpétuellement ses appartements afin d'y avoir le maximum de confort. Ainsi furent créées de véritables salles à manger, telle la Salle à Manger des Retours de Chasse; y être invité par le Roi était, nous raconte le duc de Luynes, une faveur convoitée.

On peut pénétrer dans l'Appartement Intérieur par le Cabinet du Conseil, on peut également y accéder ou en sortir par le Degré du Roi qui ne trouva son emplacement et sa forme définitive qu'en 1754 et fut prolongé jusqu'au second étage en 1763.

En venant du Cabinet du Conseil, la première pièce que l'on traverse est la cham-

*Le Degré
du Roi*

*Appartement Intérieur
du Roi*

bre à coucher que le Roi se fit aménager en 1738; plusieurs fois modifiée dans son décor, elle était somptueusement meublée et rivalisait avec l'ancienne chambre de Louis XIV. Deux grandes girandoles d'or et deux sucriers du même métal se trouvaient sur la cheminée et sur la commode qui lui faisait face. C'est ici que le Roi, après avoir fait son coucher en public, dormait effectivement. C'est ici que le 10 mai 1774 Louis XV mourut de la variole. Au fond de l'alcôve une petite porte ouvre sur une garde-robe entièrement redécorée en 1788 pour Louis XVI. De cette garderobe le Roi pouvait passer sur la terrasse de la Cour des Cerfs et se rendre ainsi dans les petits appartements du second étage sans avoir à repasser par sa chambre et les cabinets intérieurs.

La grande et belle pièce ornée de boiseries de Verberckt qui fait suite à la chambre, a elle aussi été plusieurs fois transformée et est devenue telle que nous la voyons en 1760. On l'appelle Salon de la Pendule, du nom de la grande pendule astronomique dont le mécanisme, imaginé par Passemant et exécuté par Dauthiau, fut présenté à l'Académie des Sciences en 1749, puis au Roi le 7 septembre 1750 : « Sa Majesté en marqua sa satisfaction, elle ordonna une nouvelle boîte sur le dessin qu'elle a choisi, qui a été composée et exécutée par MM. Caffieri père et fils. » Chaque année, le 31 décembre, la famille royale se réunissait dans le Cabinet de la Pendule pour assister au changement d'année que marquait l'horloge de Passemant. Mais cette salle servait aussi de Salon des Jeux et il faut imaginer les nombreuses chaises et tables de piquet ou de quadrille qui la meublaient. La statuette équestre de Louis XV par Vassé est la

La Chambre
de Louis XV

Louis XV
École Française du XVIIIe

57

réduction de celle de la Place de la Concorde par Bouchardon détruite en 1792. Les cinq tables ont des plateaux de stuc peint qui représentent les chasses royales.

Du cabinet de la Pendule on peut gagner par l'Antichambre des Chiens le Degré du Roi et la Salle à Manger des Retours de Chasse, ou bien le Cabinet Intérieur.

Ce n'est qu'en 1753 que cette pièce devint cabinet de travail, après avoir été depuis 1738 plusieurs fois transformée. En 1738 avaient été placés la cheminée en griotte d'Italie et le médaillier, œuvre de Gaudreaux. Ils occupaient à l'époque chacun un des pans coupés qui avaient alors donné à cette salle son nom de « Cabinet à pans ». En 1753 des boiseries remplacèrent les soieries tendues jusqu'alors sur les murs. En 1755 Joubert assortit le médaillier de deux encoignures, puis, en 1760, la pièce trouva son aspect actuel. C'est à cette époque que fut commandé le fameux bureau à cylindre commencé par Oeben et achevé par Riesener en 1769. Cet état mobilier subsista jusqu'en 1780 et a pu être reconstitué.

Au-delà du Cabinet Intérieur, se trouve une autre petite pièce appelée Arrière-Cabinet « servant de retraite à sa Majesté, où elle tient ses papiers et où elle écrit, dessine, ordonne et reçoit ses dépêches. » Témoins de cette

Le Cabinet
de la Pendule

Le Cabinet Intérieur
du Roi

*Mme Adélaïde
par Nattier*

installation subsistent toujours les rayonnages posés
en 1760

LES SALLES NEUVES

On appelle les Salles Neuves,
les Cabinets Intérieurs du
Roi situés au-delà de l'Arrière Cabinet. Ils occupent la
place de l'un des plus beaux
ensembles disparus de Versailles : l'Escalier des Ambassadeurs et la Petite Galerie.
Construit à partir de 1672,
l'Escalier des Ambassadeurs
donnait accès au Grand
Appartement du Roi, et, de
plus en plus, servit de degré
d'honneur pour les audiences, d'où son nom. La Petite
Galerie qui en était le complément, aménagée au
dépens de l'appartement de
Madame de Montespan en
1684 se composait d'une galerie et de deux salons décorés
par Mignard. Le Roi y accro-
chait quelques-uns de ses plus
beaux tableaux, dont la
Joconde de Vinci.
En 1752 Louis XV fit
détruire l'escalier et la galerie
afin d'aménager un appartement pour sa fille Madame
Adélaïde. La princesse y
demeura jusqu'en 1769,
année où le Roi reprit ces
pièces pour étendre son Appartement Intérieur.
Le premier de ces salons est
appelé souvent « Cabinet de

musique de Madame Adélaïde » Dans cette pièce, qui était son Cabinet Intérieur, elle aurait reçu Mozart enfant pendant l'hiver 1763-1764. En 1769 Louis XV en fit sa Pièce du Café et y plaça une partie de son orfèvrerie, d'où son nom de « Pièce de la Vaisselle d'or ».

Au-delà une petite pièce servit de salle de bains à Louis XV; c'est à ce moment que furent exécutées les boiseries dorées d'or vert, mat, bruni et bronzé. Louis XVI en fit son Très-Arrière Cabinet ou Cabinet de la Cassette, c'est-à-dire la pièce où il conservait ses registres de comptes privés.

Le Cabinet Doré
de Madame Adélaïde

La Bibliothèque, dernière œuvre de Gabriel, fut aménagée par Louis XVI, dès son avènement. C'était la pièce favorite du souverain qui étudiait sur une petite table dans l'embrasure d'une fenêtre. Les tissus de "pékin peints" d'allure champêtre allient leur fraîcheur à la noblesse des boiseries. La cheminée fut conçue à l'origine pour le salon de Madame du Barry à Fontainebleau.

La Salle à Manger des Porce-

La Bibliothèque
et le Salon des jeux
de Louis XVI

laines, tire son nom d'une exposition de porcelaines de Sèvres que le Roi y organisait chaque année : « Tout le monde s'empressait d'aller admirer et acheter. La Cour faisait beaucoup de présents, et le Roi s'amusait à voir déballer ces porcelaines et à considérer la foule des acheteurs. »

Au-delà, la Salle des Buffets conserve une des portes de l'ancien Escalier des Ambassadeurs ouvrant sur le Salon de Vénus. Cette pièce servit aussi, à partir de 1769, de Salle de Billard. Elle permet de pénétrer dans le Salon des

Jeux de Louis XVI, dans lequel les glaces et la cheminée ont récemment retrouvé leur place.

Le Salon des Jeux est à l'emplacement du Cabinet des Médailles ou des Raretés de Louis XIV auquel on accédait par le Salon de l'Abondance.

C'est en 1775 que le Salon des jeux reçut son décor actuel. Le mobilier qui a pu y être réuni (encoignures de Riesener et chaises de Boulard), ainsi que les gouaches de Van Blarenberghe accrochées aux murs, se trouvaient ici sous l'Ancien Régime.

L'APPARTEMENT DE MADAME DE MAINTENON

A droite de la loggia de l'Escalier de la Reine, s'ouvre une suite de pièces où Louis XIV fit faire un appartement pour son épouse morganatique, Madame de Maintenon. La marquise y habita jusqu'à la mort du souverain en 1715. Ces pièces subirent ensuite différentes transformations et devinrent sous Louis-Philippe de simples salles de musée. Un escalier conduisant à l'étage d'attique réduisit les antichambres et empiéta sur la chambre. La distribution des pièces qui constituaient l'appartement de Madame de Maintenon a pu être à l'exception de la chambre à peu près rétablie. A défaut des soieries ou des meubles qui depuis le XVII⁰ siècle jusqu'à la Révolution décorèrent cet appartement, on a réuni ici des meubles du XVII⁰ siècle, provenant en grande partie de la donation Roudinesco et des esquisses préparatoires aux décors peints du château.

C'est dans le cabinet de la marquise que Louis XIV avait coutume de venir, avec l'un ou l'autre de ses ministres, travailler aux affaires de l'état ; enfin rappelons que c'est aussi dans le Grand Cabinet que se réunissait la famille royale autour du Souverain et de Madame de Maintenon. C'est ici que Racine fit représenter Athalie par les demoiselles de Saint-Cyr que protégeait l'épouse secrète du Grand Roi.

LES CABINETS INTÉRIEURS DE LA REINE

Ces petites pièces situées derrière l'Appartement de la Reine, n'eurent jamais l'ampleur des Cabinets Intérieurs du Roi.

Très réduit au temps de Marie-Thérèse, leur nombre fut augmenté lorsque la Dauphine de Bourgogne habitant l'appartement de la Reine, on procéda à l'aménagement d'un appartement de nuit pour le duc de Bourgogne, petit-fils de Louis XIV et père de Louis XV.

Par la suite, Marie Leczinska aima à s'y retirer et c'est alors que ces cabinets prirent à peu près les dimensions que nous leur connaissons. Pourtant, dans leur état actuel, ils datent presque entièrement du temps de Marie-Antoinette qui les transforma peu à peu selon son goût.

Dans le Grand Cabinet, dont les boiseries datent de 1783, et où tous les meubles sont de provenance royale, la souveraine recevait aussi bien les artistes qu'elle protégeait (Gluck, Madame Vigée-Lebrun) que les fabricants de la mode nouvelle (le coiffeur Léonard ou la marchande de chapeaux, Mlle Bertin). Ces meubles royaux donnent une idée du cadre de vie de la Reine. Si les boiseries que sculpta Verberckt pour Marie Leczinska ont disparu, le décor des frères Rousseau est celui que connut ici Marie-Antoinette.

Ces Cabinets Intérieurs de la Reine comportent en outre une salle de bains, une chambre de repos après le bain, deux bibliothèques et un petit salon appelé Méridienne. Ce petit salon octogonal fut créé en

Le Grand Cabinet de Madame de Maintenon

Marie Leczinska par Nattier

1781 à l'occasion de la naissance du premier Dauphin. Le plan de la pièce permit de ménager derrière la chambre un passage que les femmes de service pouvaient emprunter sans déranger la Reine. La table (à plateau de bois pétrifié provenant des collections du roi Charles - 1er d'Angleterre et montée en 1770 à Vienne), fut offerte à Marie-Antoinette par une de ses sœurs.

En entresol, au-dessus des Cabinets Intérieurs de la Reine ont été rétablies telles qu'elles existaient avant la Révolution de petites pièces où se poursuivait la vie privée de la souveraine avec son billard, sa salle à manger et les pièces réservées à ses femmes de chambre. On prétend même que c'est là que vécut Fersen.

L'OPÉRA ROYAL

Le théâtre et la musique jouèrent toujours un grand rôle dans la vie de la Cour. Dès 1685 Louis XIV avait prévu de bâtir une grande salle de spectacle à l'extrémité de l'aile du nord; ce projet fut abandonné. En 1748, Louis XV demanda un nouveau projet à Gabriel, mais ce n'est qu'en 1769 que l'Opéra put être construit en vue des fêtes du mariage du Dauphin (futur Louis XVI) avec l'archiduchesse Marie-Antoinette.

Gabriel mena les travaux à bien en vingt et un mois. La salle réalisée entièrement en bois sur un plan elliptique pouvait recevoir un plancher au niveau de la scène et devenir ainsi une immense salle de bal. L'Opéra fut inauguré le 16 mai 1770.

Le banquet donné le 1er octobre 1789 par les gardes du corps provoqua la fureur révolutionnaire et fut suivi du départ de la famille royale.

En 1837, Louis-Philippe le fit peindre en rouge et or selon le goût de l'époque. Après la guerre de 1870, l'Assemblée Nationale y tint séance, puis la salle fut affectée au Sénat. Entre 1952 et 1957, une restauration exemplaire a permis de rendre au théâtre son aspect ancien avec ses teintes bleues et roses et son grand rideau de scène azur orné de fleurs de lys et des armes royales brodées d'or.

L'Opéra
Royal

LES PETITS APPARTEMENTS DU ROI

Tout autour de la Cour des Cerfs, et sur plusieurs niveaux, ainsi qu'au second étage au-dessus des Cabinets Intérieurs du Roi, se trouvent les Petits Appartements du Roi. C'était là un domaine privé, ce qui explique les nombreuses modifications qui y furent apportées tout au long des règnes de Louis XV et de Louis XVI. Ces deux souverains y firent aménager selon leurs goûts des cabinets de géographie, de physique, des bibliothèques, de petits ateliers, des salles à manger, des salles de bains et y logèrent les personnes qu'ils désiraient avoir près d'eux.

C'est ainsi que dans une série de pièces où il avait eu précédemment une salle à manger et une petite galerie, Louis XV, après avoir logé en 1765-1766, sa belle-fille la Dauphine de Saxe, fit faire un appartement pour sa dernière favorite Madame du Barry. L'habitude est restée d'appeler cet appartement, Appartement de Madame du Barry, mais sous Louis XVI il fut en partie attribué au Premier Gentilhomme de la Chambre, par quartier, en partie concédé au principal ministre lors du début du règne, Monsieur de Maurepas.

Ces pièces prenant jour sur la Cour des Cerfs et sur la Cour de Marbre ont gardé leur décor de boiseries blanches et dorées ou bien les tons pleins de fraîcheur des vernis Martin.

La somptuosité du mobilier dispersé ou disparu, connu par les descriptions était en accord intime avec l'ambiance charmante et raffinée que la dernière maîtresse de Louis XV avait su faire naître en cet appartement (qu'elle dut quitter précipitamment à la mort du Roi en 1774).

Dans l'attique qui est situé au-dessus du Grand Appartement, subsiste l'appartement occupé jusqu'en 1750 par Madame de Pompadour. Les fenêtres donnent sur le Parterre du Nord.

La Bibliothèque
de Madame du Barry

LE REZ-DE-CHAUSSÉE DU CORPS CENTRAL

Dans un premier stade de réorganisation du musée, avaient été présentées dans cette partie du château, les peintures relatives au XVIIIe siècle.

Depuis on est allé plus loin dans la reconstitution des appartements des Enfants de France sous Louis XV et sous Louis XVI.

Sur les jardins du côté du midi ont été rétablis les appartements du Dauphin, fils de Louis XV et de la Dauphine Marie-Josèphe de Saxe.

Remarquons cependant que la salle des gardes du Dauphin ouvre sur la Cour de Marbre.

Remarquons également qu'à l'arrière de l'Appartement de la Dauphine se trouvent de petites pièces aménagées sous Louis XVIII pour la duchesse d'Angoulême dont elles ont conservé le nom. Du côté nord de la Galerie Basse (reconstruite dans son état louis-quartorzien), ont été rétablis les Appartements de Mesdames Adélaïde et Victoire filles de Louis XV. La redistribution de leur bibliothèque et cabinets intérieurs a amené le coffrage des colonnes du vestibule de l'Appartement des Bains qu'avaient dégagées les travaux de Louis Philippe.

Du côté de la Cour Royale et de la Cour de Marbre à la suite de la remise à niveau de cette dernière, la Salle des Gardes du Degré du Roi, l'Appartement

Cabinet Intérieur de la Dauphine et Bibliothèque du Dauphin

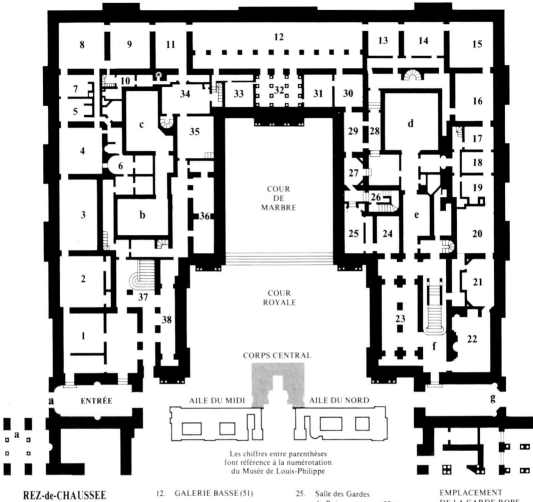

8	9	11		12		13	14	15

10
7 &
5
34 33 32 31 30
c
4 35 29 28 16
6
d 17
18
27 19
3 b 26
36 COUR DE MARBRE e 20
25 24
2
37 COUR ROYALE 21
38 23
1 f 22

CORPS CENTRAL

a ENTRÉE   AILE DU MIDI   AILE DU NORD   g

Les chiffres entre parenthèses
font référence à la numérotation
du Musée de Louis-Philippe

**REZ-de-CHAUSSEE
DU CORPS CENTRAL**

APPARTEMENT
DE LA DAUPHINE
1.   1ère Antichambre   (42)
2.   2ème Antichambre   (43)
3.   Grand Cabinet   (44)
4.   Chambre   (45)
5.   Cabinet Intérieur   (46)

6.   Arrières Cabinets
     de la duchesse
     d'Angoulême

APPARTEMENT
DU DAUPHIN
7.   Bibliothèque   (47)
8.   Grand Cabinet   (48)
9.   Chambre   (49)
10. Arrières Cabinets
11. 2ème Antichambre (50)

12.   GALERIE BASSE (51)

APPARTEMENT
DE MADAME VICTOIRE
13.   1ère Antichambre   (52)
14.   Salon des Nobles   (53)
15.   Grand Cabinet   (54)
16.   Chambre   (55)
17.   Cabinet intérieur   (56 a)
18.   Bibliothèque   (56 b)

APPARTEMENT
DE MADAME ADELAIDE
19.   Cabinet Intérieur   (56 c)
20.   Chambre   (57)
21.   Grand Cabinet   (58)
22. Salle des Hocquetons (59)
     - (anciennes antichambres
     de l'Appartement)
23.   Vestibule de l'Escalier
      des Ambassadeurs (26)
24.   Vestibule   (27 b)

25.   Salle des Gardes
      du Roi   (27 a)
26.   Degré du Roi
APPARTEMENT
DU CAPITAINE
DES GARDES
27.   Grand Cabinet   (28)
28.   Cabinet Intérieur
29.   Chambre   (29)
APPARTEMENT
DE MARIE-ANTOINETTE
30.   (Salle 30)
31.   Chambre
      de la Reine   (31)
32.   *Vestibule Central   (32)*
33.   Salle de Bains   (33 b)
PIECES D'ENTRÉE DE
L'APPARTEMENT
DU DAUPHIN
34.   1ère Antichambre (33 a)
35.   Salle des Gardes   (34)

EMPLACEMENT
DE LA GARDE-ROBE
AUX HABITS DU ROI
36.   *(Salles 35, 36, 37)*
37.   ESCALIER
      DE LA REINE
38.   Vestibule   (38
a   Passages vers les jardins
b   Cour de la Reine
c   Cour du Dauphin
d   Cour des Cerfs
e   Petite Cour du Roi
f   Escalier Louis-Philippe
g   Passage vers les jardins

*Si le sens de la visite est celui de
cès logique aux appartements
exemple pour l'Appartement c
Dauphine ou l'Appartemen
Madame Victoire, ce sens de vis
parfois inversé, par exemple
l'Appartement du Dauphin ou
partement de Madame Adélaïde*

du Capitaine des Gardes et deux pièces du Petit Appartement de Marie-Antoinette au rez-de-chaussée flanquant le Vestibule Central (chambre et salle de bains) ont été rétablis.

Il est évident que tous ces travaux ont été menés à bien selon les cas, avec les boiseries originales conservées sur place ou en réserve, avec des copies à l'identique ou bien, quand ces dernières s'avéraient impossibles, avec un simple habillage de panneaux. Les tentures cherchent à se rapprocher au maximum de celles que les inventaires d'Ancien Régime nous décrivent. Quant aux meubles, si malheureusement ceux placés à l'origine n'ont pu toujours être retrouvés, on s'est efforcé de regrouper des ensembles provenant des anciennes demeures royales.

Il n'empêche naturellement, que le plus important est la partie iconographique ; la Régence, les règnes de Louis XV et Louis XVI sont racontés par des peintures et des bustes souvent de très grande qualité. Citons pour mémoire les nombreux portraits de Nattier, Van Loo, Vigée-Lebrun. Ainsi le visiteur pourra imaginer l'existence de la cour au XVIIIe siècle et en revivre les principaux événements.

Marie-Josèphe de Saxe par Nattier

LES SALLES
DE LA RÉVOLUTION
DU CONSULAT
ET DE L'EMPIRE

Dans son Musée de l'Histoire de France, Louis-Philippe avait réservé une part très importante au Consulat et à l'Empire.

En particulier, tout le rez-de-chaussée de l'Aile du Midi avait reçu les grandes peintures commandées par l'Empereur pour célébrer son règne. Des panneaux peints de scènes rétrospectives environnent les toiles offrant un exemple parfait de la muséologie du XIX⁰ siècle.

Ces salles ont été restaurées en 1978.

Dans les salles d'attique du côté du midi (au-dessus de l'Appartement de la Reine et le long de la voûte de la Galerie des Batailles), une section du musée prolonge l'évocation, historique présentée au rez-de-chaussée.

Dans ces salles auxquelles on accède par un escalier de stuc bâti sous Louis Philippe, se déroulent les journées troublées de la Révolution, les heures glorieuses du Consulat et de l'Empire, les fastes de la cour créée par Napoléon 1er.

Ce sont du reste souvent les mêmes peintres qui furent les témoins des phases diverses de cette période mouvementée de notre Histoire dont les événements excédèrent à peine une durée de vingt-cinq ans (1789-1815).

Bonaparte à Arcole
par A.-J. Gros

Louis-Philippe et ses
fils par H. Vernet

LE MUSÉE D'HISTOIRE LES SALLES DU XIXᵉ SIÈCLE

Le Musée de l'Histoire de France commencé avec les salles *"troubadour"* que constituent les Salles des Croisades ouvrant sur la Galerie de Pierre au rez-de-chaussée de l'Aile du Nord s'achève dans les attiques de cette même Aile du Nord par la période s'étendant de la Restauration de Louis XVIII, en 1814, à la guerre de 1914-1918.

Ces cent ans virent différents essais de gouvernement, plusieurs révolutions et finalement le triomphe de la 3ème République.

On constatera qu'avec l'évolution de la peinture et de la sculpture les artistes ont été de moins en moins enclins, depuis la fin du siècle dernier, à représenter avec fidèlité leurs contemporains ou les événements dont ils étaient témoins.

Malgré cela le Musée dédié *à toutes les gloires de la France* se trouvera presque présenté dans son intégrité.

LES JARDINS

Avec leurs parterres, leurs bassins, leurs sculptures, leurs bosquets, les jardins de Versailles sont le complément naturel du château.

Leur ordonnance est l'œuvre du jardinier-architecte Le Nôtre qui les créa en collaboration avec Le Brun et Mansart. Déjà esquissés sous Louis XIII, ces jardins atteignirent par la volonté de Louis XIV, toute leur ampleur et la perfection d'une œuvre d'art. Malgré des remaniements ils demeurent le modèle du jardin à la française où selon le goût classique la nature se plie à un plan rigoureux. Leur alimentation en eau exigea de gigantesques travaux.

Louis XV n'apporta que peu de modifications, mais sous Louis XVI, les arbres durent être replantés et Hubert Robert donna aux allées cette allure romantique que nous leur connaissons. A la Révolution les jardins furent menacés de destruction. Puis au XIXe siècle certaines statues furent retirées.

Malgré cela les jardins de Versailles ont conservé en grande partie leur aspect d'origine. Sous l'Ancien Régime toutefois le Grand Parc mesurait 6 000 hectares ceints de 43 kilomètres de murs; le domaine actuel ne compte plus que 815 hectares.

La demi-lune du
Parterre de Latone

Les Éléments
L'Air de Le Hongre

LES GRANDS AXES

Si Le Nôtre, maître d'œuvre des jardins, garda les grands axes tracés par ses devanciers sous Louis XIII, il en amplifia les perspectives qu'il prolongea par de vastes plans d'eau. Des allées parallèles aux axes principaux délimitent en se recoupant différents bosquets.

La promenade que l'on fera dans les jardins à l'aide de l'itinéraire proposé ici permettra de découvrir successivement l'axe est-ouest qui s'étend du château au Grand Canal et l'axe nord-sud qui va du bassin de Neptune à la Pièce d'eau des Suisses. Pour la visite des bosquets, l'heure des Grandes Eaux est la plus favorable.

L'AXE NORD-SUD

Bassin
de Neptune
p. 97

Dragon
p. 96

Allée d'Eau
p. 95

Parterre
du Nord p.

Parterre d'E
p. 80 à 83

Parterre
du Midi
p. 98-100

Orangerie
p. 101

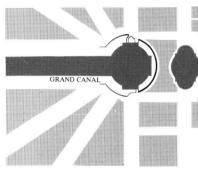

GRAND CANAL

L'AXE EST-OUEST

Bassin
d'Apollon
p. 90-91

Allée
Royale
p. 88-89

Parterre
de Latone
p. 84 à 87

Louis XIV leur attachait une telle importance qu'il rédigea lui-même «une manière de montrer les jardins de Versailles» qui peut encore de nos jours servir de fil conducteur à leur visite : «En sortant du chasteau par le vestibule de la Cour de marbre, on ira sur la terrasse; il faut s'arrester sur le haut des degrez pour considérer la situation des parterres, des pièces d'eau et les fontaines des Cabinets. Il faut ensuite aller droit sur le haut de Latonne et faire une pause pour considérer Latonne, les lésars, les rampes, les statues, l'allée royale, l'Apollon, le canal, et puis se tourner pour voir le parterre et le Chasteau». C'est la description de l'axe est-ouest qui recoupe à hauteur de la terrasse du château l'axe nord-sud. Celui-ci dans sa partie septentrionale comprend le Parterre du Nord avec la Pyramide, l'Allée d'Eau, le bassin du Dragon et le bassin de Neptune, puis dans sa partie méridionale le Parterre du Midi, l'Orangerie et la Pièce d'eau des Suisses. Une brève promenade pourra se limiter aux parterres proches du château. Il faut disposer d'une heure au minimum afin de suivre l'itinéraire proposé pour l'ensemble des jardins et des bosquets p. 79.

PIECE D'EAU DES SUISSES

N

S

Le spectacle des Grandes Eaux a lieu, en général, plusieurs dimanches par mois, de mai à octobre. (Renseignements Office de Tourisme : 39 50 36 22). Les 3 600 mètres cubes d'eau nécessaires par heure, pour le jeu des fontaines sont puisés dans la réserve que constituent les 395 000 mètres cubes du Grand Canal creusé entre 1667 et 1672.

ITINÉRAIRE POUR LES GRANDES EAUX

1. Parterre du Midi
2. L'Orangerie et la Pièce d'eau des Suisses
3. Parterre d'Eau
4. Parterre de Latone
5. Quinconce du Midi
6. Bosquets des Rocailles
7. Bosquet de la Reine
8. Bassin de l'Automne
9. Jardin du Roi

10. Bassin de l'Hiver
11. Salle des Marronniers
12. La Colonnade
13. Tapis Vert
14. Bassin d'Apollon Grand Canal
15. Bosquet des Dômes
16. Fontaine de l'Encelade
17. Fontaine de l'Obélisque
18. Bassin du Printemps

19. Quinconce du Nord Bosquet de l'Étoile
20. Bassin de l'Été
21. Ile des enfants Rond Vert
22. Bains d'Apollon
23. Parterre Nord
24. Allée d'Eau
25. Bassin du Dragon
26. Bassin de Neptune

L'AXE EST-OUEST

C'est l'axe principal des jardins. Toute la composition versaillaise s'ordonne le long d'une ligne allant de la Cour de Marbre au Char d'Apollon. Cette perspective majeure a son point de départ sur la terrasse qui précède l'avant-corps central du château, orné des statues des douze mois encadrant Apollon et Diane.

Aux angles de la terrasse se dressent les vases de la Guerre au nord par Coysevox et de la Paix au sud par Tubi. Quatre statues de bronze d'après l'antique adossées à la façade annoncent la statuaire du Parterre d'Eau dont les bassins reflètent la longue étendue du château.

Le Parterre d'Eau a pris son aspect définitif entre 1683 et 1690. Les statues couchées sur les margelles de marbre, œuvres des meilleurs sculpteurs de l'époque tels que Coysevox, Tubi, Le Gros, Magnier, Le Hongre, Regnaudin, portent les signatures des fondeurs, les frères Keller, par qui elles furent coulées dans le bronze. Aux extrémités des bassins, quatre fleuves de France sont personnifiés par des hommes et quatre rivières par des femmes. Sur les bords rectilignes, 8 nymphes sont allongées. Des enfants accompagnent les uns et les autres, ou sont regroupés par trois, debout aux angles des bassins.

Le Parterre
d'Eau

Au départ des rampes incli-
nées qui s'incurvent autour
du Parterre de Latone, deux
bassins surélevés complètent
le décor du Parterre d'Eau.
Ce sont les Cabinets des Animaux. Les quatre groupes de
bronze disposés sur leurs

Fontaine du Soir :
Diane par Desjardins,
Lion terrassant un sanglier
par Van Clève et Raon

margelles furent fondus par les frères Keller en 1687.

Ces bassins sont environnés de six des vingt-quatre statues commandées en 1674. Celui qui est situé au nord est appelé Fontaine du Soir ou Cabinet de Diane, du nom de la statue voisine par Desjardins; il est orné de deux lions par Van Clève et Raon qui combattent l'un un loup, l'autre un sanglier. On admirera de part et d'autre de Diane : Vénus par Gaspard Marsy et l'Air par Le Hongre.

Le bassin situé au midi est appelé Fontaine du Point du Jour, du nom de la statue de Gaspard Marsy toute proche. Les bronzes de Houzeau représentent un tigre terrassant un ours et un limier abattant un cerf. En avant sont placées deux statues, Flore par Magnier et l'Eau par Le Gros.

Fontaine du Point du Jour :
Le Point du jour par Marsy
Limier abattant un cerf
par Houzeau

Bassin
des Lézards

Bassin
de Latone

On descend au Parterre de Latone, soit par des rampes bordées de statues et de vases, soit par un escalier monumental. Le bassin central fut créé dès 1670 (à l'emplacement d'un bassin datant de Louis XIII) puis modifié en 1689. On y voit Latone avec à ses pieds, ses enfants Diane et Apollon, implorant Jupiter de la venger des paysans de Lycie qui s'étaient moqués d'elle; ceux-ci furent transformés en batraciens, métamorphose représentée sur les trois degrés constituant le bassin et plus loin dans les bassins des Lézards.

Parterre de Latone
et perspective est-ouest

Le Parterre de Latone est orné de grands vases et de statues qui sont des reproductions d'antiques sculptées par les élèves de l'Académie royale à Rome; « choix décoratif fait pour rappeler dans les jardins de Louis XIV (les marbres superbes) qu'on trouvait en ceux des empereurs romains ». Toutefois s'y

ajoutent quelques « créations originales de l'art du XVIIᵉ siècle », comme les vases de l'enfance de Mars par Prou et Hardy. C'est au bas du parterre à l'entrée de l'Allée Royale que se trouvaient sous l'Ancien Régime le Milon de Crotone et Persée délivrant Andromède, deux chefs-d'œuvre de Puget, aujourd'hui au Louvre, de même que la Nym-

phe à la coquille, œuvre célèbre de Coysevox remplacée par une copie de Suchetet. Le Gaulois mourant qui lui fait pendant est la reproduction d'une statue antique. Seul le groupe de Castor et Pollux par Coysevox a gardé la place qu'il occupait sous Louis XIV. Enfin la demi-lune précédant l'Allée Royale est ornée d'une série de termes.

La demi-lune de Latone

Le Parterre de Latone

L'allée centrale du Parterre de Latone est prolongée en direction de l'ouest par une pente gazonnée, le Tapis Vert. Cette percée existait déjà au temps de Louis XIII, mais Le Nôtre lui donna ses dimensions majestueuses : 335 mètres de long et 64 de large. C'est l'Allée Royale dont le Grand Canal continue la perspective jusqu'aux limites de l'horizon. Le tapis de gazon central est bordé d'allées le long desquelles alternent 12 vases de marbre et 12 statues, œuvres exécutées en majorité au XVIIe siècle par les élèves de l'Académie de France à Rome.

L'ornementation des vases fait intervenir les feuillages de chêne ou de lauriers ou les fleurs de l'héliotrope. Les statues sont de simples allégories comme celles de la fourberie ou de la fidélité, ou bien représentent des personnages de l'antiquité ou de la mythologie comme le berger Cyparisse, favori d'Apollon. On apercevra en descendant l'Allée Royale, dans deux allées perpendiculaires, les bassins de Saturne à gauche vers le midi et de Flore à droite vers le nord. On découvrira plus bas, au bout de courtes allées, les bosquets de la Colonnade à gauche et des Dômes à droite. Au bas du Tapis Vert une demi-lune ornée de groupes de marbre et de termes s'incurve autour du bassin d'Apollon.

Le berger
Cyparisse par Flamen

Allée Royale
vase aux tournesols

Point fort de l'axe est-ouest, le bassin d'Apollon est situé à la limite du Petit Parc. Il fut créé en 1671 à l'emplacement d'un bassin creusé du temps de Louis XIII. De forme quadrilobée il mesure 117 mètres de long sur 87 de large. En son centre le groupe du char d'Apollon, en plomb autrefois doré, est l'œuvre de Tubi d'après un dessin de Le Brun. Il représente le lever du jour. Quatre chevaux emportent pour sa course à travers le ciel le char du soleil sortant de la mer.

Au-delà s'étend le Grand Canal long de 1560 mètres et large de 120 mètres; il est coupé en son milieu par un bras transversal menant au nord vers Trianon, au sud vers la Ménagerie (aujourd'hui disparue). Commencé en 1667, il fut achevé en 1680. Une étonnante flottille sillonna le canal. Elle était formée de diverses reproductions de bateaux de la marine royale construits en réduction et magnifiquement décorés. A cette flottille de chaloupes et de galiotes se joignirent des gondoles pour promener la Cour. Lors des fêtes, comme celle d'août 1674, la navigation sur le canal entre les berges illuminées succédait à la promenade dans les jardins merveilleusement éclairés. Les gondoliers que fit venir le Roi furent logés près du canal, en cet endroit que l'on appelle encore la Petite Venise.

Grandes Eaux
au bassin d'Apollon

Le Char d'Apollon
et le Grand Canal

L'AXE NORD-SUD

Si du Parterre d'Eau on se dirige à droite, il faut descendre quelques marches pour accéder au Parterre du Nord. Ce perron est encadré de statues de bronze : la Vénus pudique de Coysevox et le Rémouleur de Foggini. Une allée centrale divise le parterre dont les compartiments de buis s'ordonnent autour de deux bassins ronds dits bassins des Couronnes. Les groupes de sirènes et de tritons qui en occupent le centre soutenaient au temps de Louis XIV de grandes couronnes fleurdelysées.

Le long des palissades, au pied des grands arbres qui bordent le parterre au nord et à l'ouest, sont placées quelques-unes des statues de la grande commande de 1674 dont Le Brun fit les dessins et qui sont réparties également autour des Cabinets des Animaux et vers le sommet des

*Le Parterre
du Nord*

92

rampes de Latone. Dès 1686, la plupart d'entre elles étaient à l'endroit où nous les voyons encore aujourd'hui. Elles symbolisent : « Les 4 Éléments, les 4 Parties du Jour, les 4 Parties du Monde, les 4 Saisons, les 4 Poèmes et les 4 Tempéraments ».

On reconnaîtra parmi elles, toute proche de la Pyramide, la statue de l'Hiver, chef-d'œuvre de Girardon.

La fontaine de la Pyramide, au bas de l'allée centrale, fut conçue par Le Brun et réalisée par Girardon entre 1669 et 1672. Les quatre vasques de plomb sont supportées par des tritons, des dauphins et des écrevisses. Ces sujets sont sculptés avec une telle vivacité que l'on peut encore aisément imaginer à quel point, autrefois dorés, ils brillaient et s'animaient sous le « ruissellement argenté » s'échappant de l'urne du sommet et descendant en cascade pour créer un des plus remarquables effets d'eau des jardins.

En contrebas, à l'entrée de l'Allée d'Eau qui joint le Parterre du Nord au bassin de Neptune, se situe le Bain des Nymphes de Diane. C'est un bassin carré dont les parois sur trois côtés sont revêtues de bas-reliefs de plomb. Le plus important, celui du fond, est l'œuvre de Girardon : « Onze nymphes chastement nues s'ébattent dans l'eau au bord d'une rivière. Le paysage de rêve

*La Pyramide
de Girardon*

est tout près de la réalité tant la patine des ans à glissé sur le plomb des tons qui l'avivent. Le soleil dore l'horizon; on croit deviner un bleu de ciel et d'eau, un rose jeté sur les chairs, le vert profond des plantes marines; et lorsque la nappe transparente vient se répandre devant la scène, les corps semblent tressaillir». Ainsi décrivait Pierre de Nolhac au début de ce siècle un des chefs-d'œuvre de cette partie des jardins.

Du Bain des Nymphes part une allée en pente ornée de deux rangées de petits bassins circulaires. C'est l'Allée

Partie septentrionale
du Parterre du Nord
et Bain des Nymphes

d'Eau ou allée des Marmousets. Les groupes d'enfants à l'origine en plomb doré portaient des vasques de métal garnies de fleurs et de fruits. Les premiers groupes furent posés en 1670 au nombre de 14. Ils furent rejoints par 8 autres en 1678 et l'ensemble fut refait en bronze avec des vasques de marbre rose, en 1688. Tritons enlacés, petits danseurs, amours, satyres de l'allée ou petits pêcheurs, oiseleurs de la demi-lune qui la termine, tous ces groupes expriment avec grâce le charme de l'enfance.

*Perspective de l'Allée d'Eau
du Bain des Nymphes
au Dragon*

Au bas de l'Allée d'Eau, le bassin du Dragon de forme circulaire a 40 mètres de diamètre. Des enfants chevauchant des cygnes combattent avec leurs arcs un dragon furieux. Le jet d'eau principal s'élance de la gueule du dragon jusqu'à 27 mètres de hauteur. L'aspect actuel, restitution des motifs anciens, ne date que de 1889.

Au-delà, formant l'extrémité nord du parc, s'étend le vaste bassin de Neptune, créé par

Le bassin
du Dragon

Le Nôtre et Mansart de 1679 à 1684. Il ne reçut sa décoration définitive que sous Louis XV. Contre le mur de soutènement refait en 1734, ont été placés les groupes de plomb que l'on voit aujourd'hui. Neptune et Amphitrite au centre, sculptés par L.-S. Adam sont accompagnés sur leur droite par le dieu Océan œuvre de J.-P. Lemoine et sur leur gauche par Protée dont l'auteur, Bouchardon, sculpta aussi les deux dragons marins conduits par des amours. De ces groupes, des 22 vases de plomb décorant la tablette, du chéneau et du bassin s'élancent 99 jets dont l'ensemble est un spectacle saisissant.

Bassin de Neptune
Grandes Eaux, Fête de Nuit

Pour visiter la seconde partie de l'axe nord-sud, il faut revenir à la terrasse devant la façade ouest du corps central du château. A gauche du Parterre d'Eau, on se dirigera vers un perron encadré de sphinx de marbre que Lerambert sculpta pour recevoir des amours de bronze, œuvres de Sarrazin datant de 1680.

Dans l'angle formé par l'aile du midi et l'avant corps central du château s'étend sous les fenêtres de l'Appartement de la Reine le Parterre du Midi dont l'ornement essentiel réside dans sa richesse florale que les jardiniers renouvellent chaque année au retour de la saison propice. Il se compose symétriquement de part et d'autre d'une allée centrale de bordures et de volutes de buis autour de deux bassins circulaires très simples. Sur trois côtés, il est bordé de tablettes de marbre, supports d'une série de vases de bronze, créés par Ballin, orfèvre de Louis XIV, mais pour beaucoup refaits au XIXe siècle.

Vers le sud, une longue balustrade de pierre limite le Parterre du Midi; en s'approchant, on découvre en contrebas le Parterre de l'Orangerie vers lequel descendent à droite et à gauche les majestueux escaliers des Cent Marches.

L'Orangerie fut construite de 1684 à 1686 par Mansart. Elle est formée d'une galerie centrale mesurant 155 mètres de

Le Parterre du Midi

98

*Le Parterre du Midi
et la Pièce d'eau des Suisses*

*Le Parterre de l'Orangerie
et la Pièce d'eau des Suisses*

long et de deux galeries latérales engagées sous les Cent Marches. Au temps de Louis XIV, 2 000 pieds d'orangers et 1 000 de grenadiers et de lauriers-roses y trouvaient refuge. L'Orangerie de nos jours possède encore un grand nombre d'orangers, palmiers et lauriers qui sont sortis à la belle saison. Au-delà de la route de Saint-cyr, s'étend la Pièce d'eau des Suisses mesurant 682 mètres sur 234, creusée à partir de 1678 par les gardes suisses. A son extrémité sud se dresse la statue équestre de Louis XIV par le Bernin, modifiée par Girardon.

*L'aile sud du château
et l'Orangerie*

LES BOSQUETS

Pour visiter les bosquets on suivra l'itinéraire p. 79.

Arrivé en bas de la rampe sud du Parterre de Latone on apercevra le Quinconce du midi orné de 8 termes de marbre (5). A gauche part une allée en pente qui atteint le bosquet des Rocailles créé en 1681-83, appelé Salle de Bal « à cause de l'espèce d'arène sur laquelle on danse quand il plait à sa Majesté d'y donner quelque fête ». Sur le pourtour s'élèvent des gradins pour les spectateurs et un étagement de vasques de rocailles incrustées de coquillages (6).

Le Bosquet de la Reine date de la replantation du parc sous Louis XVI. Dans son simple tracé rien n'évoque le Labyrinthe de 1673 dont les détours cachaient 39 fontaines aux animaux de plomb colorié, illustrant les fables d'Esope (7).

On rencontre successivement deux bassins des saisons. Celui de l'automne est décoré d'un groupe de plomb représentant Bacchus, par les frères Marsy (8). Pour celui de l'hiver, Girardon a sculpté Saturne (10).

Le bassin du Miroir a gardé sa forme ancienne mais le plan d'eau lui faisant suite appelé l'Ile Royale a été remplacé au XIXe siècle par le Jardin du Roi (9).

Vers le nord une allée s'élargit pour former la salle des

Le bosquet
des Rocailles

Le bassin
de l'Hiver

103

Marronniers (11) dont la statuaire rappelle l'ancienne salle des Antiques, très remaniée en 1704.

La Colonnade toute proche est formée de 32 colonnes de marbre où alternent le rose de Languedoc, le bleu turquin, la brèche violette (12) supportant une corniche de marbre blanc aux tympans sculptés de jeux d'enfants. Au milieu de ce bosquet construit en 1685 par Mansart, on plaça en 1699 un groupe de Girardon, l'Enlèvement de Proserpine par Pluton, actuellement retiré.

Le bosquet des Dômes (15) est situé au nord du Tapis vert. Un bassin entouré d'une balustrade de marbre en occupe le centre. Une seconde balustrade ornée de bas-reliefs ceinture en retrait la première. Si les statues qui se trouvaient là à la fin du règne de Louis XIV occupent encore le pourtour, il ne subsiste des anciens pavillons à dômes que leurs emplacements.

Dans le bassin de l'Encelade un amoncellement de rochers écrase le titan ainsi châtié pour avoir voulu escalader l'Olympe (16). D'un massif de roseaux occupant le centre du bassin appelé l'Obélisque, s'élance à 25 mètres un jet puissant (17).

En revenant vers le château on rencontre deux bassins des Saisons. Au centre du bassin du printemps, Flore sculptée par Tubi est assise entourée

*La Colonnade
de Mansart*

*La fontaine
de l'Encelade*

d'amours, parmi des fleurs « peintes au naturel » (18).

Après avoir laissé à gauche le bosquet de l'Étoile et à droite le Quinconce du nord (19) qui ont remplacé des bosquets disparus, on arrive au bassin de l'été pour lequel Regnaudin a sculpté Cérès couronnée d'épis (20).

Proche du Rond Vert qui occupe la place de l'ancien Théâtre d'Eau (21), dans un petit bassin, un groupe d'enfants sculptés par Hardy joue sur un rocher.

Le bosquet des Bains d'Apollon créé en 1778 par le peintre Hubert Robert est un jardin romantique (22) où, au bord d'un petit lac, une grotte abrite les groupes d'Apollon servi par les Nymphes, de Girardon et des Chevaux du Soleil de Marsy et Guérin, sculptés de 1672 à 1677 pour la Grotte de Téthys (détruite en 1685).

Le bassin du Printemps

TRIANON

LE GRAND TRIANON

Le Grand Trianon fait partie de cette série de petits châteaux que Louis XIV fit construire autour de Versailles. Dès 1668 il avait acheté un village appelé Trianon à l'emplacement duquel Levau construisit en 1670 un pavillon orné de faïences bleues et blanches qui lui donnèrent son nom de Trianon de Porcelaine. En 1687, ce pavillon menaçait ruine, il fut démoli et on demanda à Mansart de bâtir un véritable château qui fut nommé « Trianon de Marbre » à cause de son décor extérieur à pilastres de marbre de Languedoc. Ce nouveau château (appelé Grand Trianon depuis le XVIIIe siècle par opposition au Petit Trianon), se compose d'un « péristyle » d'où partent deux ailes et deux avant-corps. A l'extrémité de l'aile droite, et perpendiculairement à celle-ci, est une galerie, d'où part en retour d'angle une aile appelée Trianon-sous-Bois.

L'intérieur fut plusieurs fois modifié de 1688 à 1715. Le Roi, après avoir habité l'aile de gauche, la céda en 1703 à son fils le Grand Dauphin et se fit aménager un appartement dans l'avant-corps droit, à l'emplacement d'une salle de spectacle.

Le Grand Trianon
ou « Trianon de Marbre »

107

VISITE DU GRAND TRIANON

1. *Salon des Glaces*
2. *Chambre de l'Impé-*
   ratrice

3. *Antichambre de la*
   Chapelle
4. *Salon des Seigneurs*
5. *Péristyle*
6. *Salon Rond*
7. *Salon de Musique*
8. *Salon de Famille de*
   Louis-Philippe

9. *Salon des Malach*
10. *Salon Frais*
11. *Galerie*
12. *Salon des Jardins*
13. *Salon des Sources*
14. *Antichambre de*
    l'Empereur
15. *Cabinet de travai*
    l'Empereur
16. *Chambre de l'Em*
    reur
17. *Salon du Déjeun*
18. *Salon de Famille*
    l'Empereur
19. *Chambre de la Re*
    des Belges

Aile de Trianon-sous-Bois

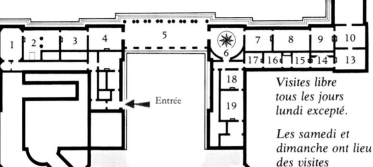

Entrée

Visites libre
tous les jours
lundi excepté.

Les samedi et
dimanche ont lieu
des visites
commentées

Le Salon des
Glaces (1)

L'aile droite fut réservée aux salons de réception, à l'appartement de la duchesse de Bourgogne et à celui de Madame de Maintenon. Trianon-sous-Bois, modifié en 1705, abrita les appartements des princes et princesses.

Les meilleurs artistes travaillèrent à la construction de ce château et si le mobilier (en dehors de deux commodes de Boulle) a disparu, les boiseries (qui, à l'exception des cadres de glaces et de tableaux ne furent jamais dorées) subsistent. La majorité des peintures a pu être

La Chambre de l'Impératrice (2)

Le Péristyle (5)

remise en place lors de la récente restauration de Trianon. Parmi ces peintures on signalera, ornant la Galerie, les œuvres de Cotelle et de Martin qui représentent les jardins de Versailles au XVIIe siècle (vue p. 113).

Louis XIV fit de nombreux séjours à Trianon. Ces séjours se raréfièrent sous Louis XV. Après la visite du tsar Pierre le Grand, le château fut concédé à Stanislas Leczinski, père de la Reine qui occupa l'appartement de Madame de Maintenon.

Le Roi modifia cet appartement pour lui-même et Madame de Pompadour et transforma l'appartement de Louis XIV qui fut remplacé par un salon des jeux, une salle à manger et une salle des buffets.

Le Grand Trianon fut à nouveau abandonné après la construction du Petit Trianon, mais sous Louis XV servit « d'annexe » pour loger les enfants de France. En 1787 y mourut Madame Sophie, fille de Louis XVI et de Marie-Antoinette.

Vint la Révolution qui en dispersa le mobilier mais préserva le bâtiment. Dès son avènement Napoléon Ier le fit restaurer et le destina d'abord à Madame Mère dont l'appartement devait occuper l'aile gauche. Puis après son mariage avec l'archiduchesse Marie-Louise l'Empereur se réserva le Grand Trianon, au moment

Le Salon
Rond (6)

Le Salon de Famille
de Louis-Philippe (8)

110

même où il songeait à réno-
ver Versailles pour l'habiter.
Le péristyle fut alors fermé
de vitres. L'Impératrice eut
l'aile de gauche et Napoléon
habita les anciens appartements de Louis XV et de
Madame de Pompadour. Les
Grands Appartements
conservèrent leur destination
ancienne.
Sous la Restauration, Trianon fut très peu habité.
Cependant, c'est là qu'en
1830 Charles X tint son dernier conseil des ministres
avant de partir pour l'exil.
Au contraire Louis-Philippe
le roi-citoyen vint souvent à
Trianon pendant les travaux
de transformation de Versailles en musée. Il habita avec la

*Le Salon
de Musique (7)*

reine Marie-Amélie l'aile de gauche et ses dépendances. Dans l'aile de droite il créa un grand Salon de Famille. Sous son règne ses nombreux enfants habitèrent, les princesses l'ancien appartement de l'Empereur, les princes et leurs épouses Trianon-sous-Bois. C'est pour le mariage de la princesse Marie avec le duc Alexandre de Wurtemberg qu'il créa en 1837 une chapelle à l'emplacment de la salle de billard de Louis XIV. En 1845 l'avant-corps de droite fut transformé en appartement pour la princesse Louise et son époux le roi des Belges Léopold Ier. Vint avec le Second Empire

Le salon des Malachites (9)

Les Jardins de Versailles au XVIIe siècle par Martin

un nouvel abandon du Grand Trianon. Après la guerre de 1870 eut lieu dans le péristyle transformé en cour de justice, le procès du Maréchal Bazaine que présida le duc d'Aumale, fils de Louis-Philippe.

En 1910, ce même péristyle fut rétabli dans son état Louis XIV et en 1920 fut signé dans la Galerie le traité de paix avec la Hongrie.

Cependant le château, peu entretenu, menaçait ruine. C'est pourquoi le désir du Général de Gaulle de l'utili-

Le Salon des
Sources (13)
        Les Jardins de Versailles
        au XVIIe siècle par Martin
La Chambre de
l'Empereur (16)

ser lors des visites de souverains étrangers, vint tout à fait à propos pour le restaurer à l'extérieur comme à l'intérieur. Si les tableaux du XVIIe siècle pouvaient pratiquement tous être remis en place, il n'en était pas de même du mobilier d'Ancien Régime. Au contraire, presque tout le mobilier Empire subsistait et a pu reprendre place dans les salons pour lesquels des artistes, tels Jacob-Desmalter ou Marcion, l'avaient livré (on remarquera en particulier les magnifiques meubles à dessus de malachite du Grand Cabinet de l'Empereur). Les

modèles des tapis et les échantillons des soieries existaient et ont permis de les refaire à l'identique. Les pièces créées par Louis-Philippe ont été restaurées dans l'état où l'avait voulu ce roi. Quand les meubles manquaient, ils ont été remplacés par des équivalences provenant des châteaux aujourd'hui détruits de Saint-Cloud et Meudon.

Conçus pour le Trianon de Porcelaine, les jardins du Grand Trianon ont gardé leurs principales divisions d'origine.

Le Jardin Haut est formé de deux grands parterres très fleuris. Vers l'ouest, un perron

le sépare du Jardin Bas où Louis XIV faisait disposer orangers et arbustes odoriférants. Vers le sud une terrasse surplombe le bassin du Fer à cheval.

Divers bassins aux motifs de

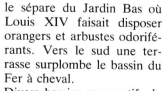

Le Buffet d'Eau

plomb assez simples servent de miroirs aux parterres ou bien reflètent, comme le Plat-Fond ou le Rondeau, les arbres d'une clairière. Rares sont les représentations mythologiques. Le Buffet d'Eau toutefois est une fontaine de marbre dont les motifs s'inspirent du thème de Neptune et Amphitrite. Au nord, le bosquet de la Salle des Antiques entoure un bassin orné d'un groupe de Hardy et G. Marsy sculpta le petit faune du Bassin à Oreilles.

Enfin, si le jardin des Sources est devenu une simple pelouse le jardin du Roi a gardé ses parterres de broderie.

Le Jardin Haut
devant le « Péristyle »

LE PETIT TRIANON

A l'est du Grand Trianon, Louis XV aménagea de nouveaux jardins qui s'étendaient sur toute la superficie du Petit Trianon. Il y fit créer un extraordinaire jardin botanique, œuvre de Jussieu et de Richard, dont les essences font aujourd'hui la gloire du Jardin des Plantes de Paris où elles furent transportées sous Louis XVI. En outre, une ménagerie fut bâtie par Gabriel de 1749 à 1753, mais fut également détruite au règne suivant.

Pour mieux profiter de son

Façade sur les Jardins
Escalier du Petit Trianon

nouveau domaine, Louis XV se fit édifier en 1750 un petit pavillon de repos et de collation que l'on appelle le Pavillon Français. Devant ce bâtiment comportant un salon central et quatre petits avant-corps, fut aménagé le Jardin Français. Se plaisant de plus en plus à Trianon, Louis XV désira avoir un château de petites dimensions que Gabriel construisit dans l'axe de ce jardin. Réalisé de 1762 à 1768, le Petit Trianon est bâti sur plan carré avec soubassement (visible seulement de la cour d'honneur et du Temple de l'Amour) un étage et un attique. Chaque façade est différente, la plus riche étant, avec son portique à colonnes et son escalier à double volée, celle qui donne sur le Jardin Français.

A gauche de la cour d'honneur se trouvent les communs et la chapelle.

Conçu pour plaire à Madame de Pompadour, c'est par Madame du Barry que fut inauguré le Petit Trianon. C'est là que fin avril 1774

Salon de Musique
du Petit Trianon

*Le Théâtre
de Marie-Antoinette (3)*

Louis XV tomba malade de la variole et dut être transporté à Versailles où il mourut le mois suivant.

Dès son avènement Louis XVI offrit le domaine de son grand-père à la reine Marie-Antoinette. Celle-ci conserva en majeure partie le décor intérieur dessiné par Gabriel et se contenta de créer à l'emplacement d'un escalier et d'une pièce du café, un boudoir dit «de glaces mouvantes». Ces glaces par un ingénieux mécanisme montaient devant les fenêtres. Les boiseries sont sculptées de fines arabesques.

Oeuvre de Mique achevée en 1787, ce boudoir vient d'être restauré ainsi que la chambre, comme l'avaient été auparavant l'antichambre, la salle à manger, le billard et le Grand Salon.

Le "gris Trianon" des boiseries qui était une invention du XIXeme siècle a été remplacé par les délicates teintes blanc et tilleul d'origine.

Quand au mobilier, il fût dispersé à la Révolution et est remplacé par des équivalences d'autant plus crédibles que rideaux et soieries des sièges ont été refaits à l'identique de ceux du XVIIIeme siècle.

De l'ancien mobilier du Petit Trianon on a pu retrouver et remettre en place dans la Chambre les fameux sièges dits "aux épis", meubles peints polychromes livrés par Jacob en 1787, la console

exécutée par Schwerdfegger et la pendule ornée d'aiglons. En prenant possession du Petit Trianon, Marie-Antoinette en fit presque aussitôt transformer les jardins qui devinrent le parc à l'anglaise que nous connaissons ; ce parc est l'œuvre du peintre Hubert Robert.

Un thêâtre édifié en 1780 se dissimule dans la verdure et seul le porche orné d'un tympan sculpté par Deschamps nous en signale la présence. Dans ce théâtre dont la décoration intérieure est entièrement en papier mâché, la Reine, qui avait la passion de jouer la comédie, fit monter des opéras comiques de Sedaine et surtout présenta pour la première fois à la famille royale le « Mariage de Figaro » de Beaumarchais, le rôle de Figaro étant tenu par le comte d'Artois, futur Charles X.

Le Pavillon Français (2)

Dans les jardins traversés d'une rivière artificielle, Richard Mique, l'architecte de la Reine, édifia en 1778 sur une petite île, le Temple de l'Amour et au bord d'un lac, le Pavillon du Rocher ou Belvédère, de style néoclassique, orné à l'intérieur de délicates arabesques de Richier et d'un plafond en coupole peint par Lagrenée.

Ce qui fait sans doute, de nos jours, la célébrité du Jardin de la Reine, c'est le Hameau qu'elle demanda à Mique de lui construire en 1783. Dix des douze maisons qui constituaient ce village inspiré de fermes normandes, subsistent avec, en particulier, la Maison de la Reine reliée par une galerie de bois à la Maison du Billard, le Moulin et la

Le Pavillon du Rocher
ou Belvédère (4)

Le Temple
de l'Amour (15)

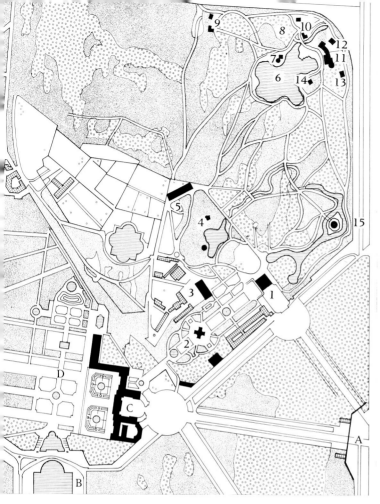

PLAN DE TRIANON

A. *Grille d'accès*
B. *Le Canal, bras de Trianon*
C. *Le Grand Trianon*
D. *Jardins du Grand Trianon*

1. *Le Petit Trianon*
2. *Le Pavillon Français et le Pavillon du Treillage*
3. *Le Théâtre de Marie-Antoinette*
4. *Le Petit Lac, le Belvédère et la Grotte*
5. *L'Orangerie de Trianon*
6. *Grand Lac entouré du Hameau*
7. *La Pêcherie et la Laiterie*
8. *La Salle de Bal*
9. *La Ferme*
10. *Le Colombier*
11. *La Maison de la Reine*
12. *Le Réchauffoir*
13. *Le Boudoir*
14. *Le Moulin*
15. *Le Temple de l'Amour*

Le Moulin (14) un soir d'été

124

Laiterie flanquée de la Tour de la Pêcherie. Cette tour est également appelée « Tour de Marlborough » du nom de la chanson « Malbrouck s'en va-t-en guerre » que la nourrice du Dauphin « Madame Poitrine », avait mise à la mode. La vie simple que la Reine menait à Trianon était jugée trop frivole par les contemporains. Les fêtes, les dépenses et l'entourage de la souveraine formé de jeunes gens connus seulement « par leur légèreté et leur étourderie » excitaient le mécontentement.

Avec la Révolution, le Petit Trianon fut vidé de ses meubles et loué en guinguette. Puis, sous l'Empire, Napoléon, après l'avoir concédé à sa sœur Pauline Borghèse, l'offrit à sa seconde épouse l'Impératrice Marie-Louise.

Louis-Philippe l'offrit au duc et à la duchesse d'Orléans qui y vinrent fréquemment. Mais il appartenait à l'Impératrice Eugénie, grande admiratrice de Marie-Antoinette, de chercher à remeubler le château du Petit Trianon dans un état XVIIIe siècle. L'occasion en fut une exposition que la souveraine y organisa lors de l'Exposition Universelle de 1867. Après le Second Empire plus rien ne fut fait et c'est seulement maintenant que l'on restaure de façon plus historique le petit domaine voulu par Louis XV et rendu célèbre par Marie-Antoinette.

La Maison de la Reine (11)
en automne ▶

GÉNÉALOGIE DE LA FAMILLE ROYALE AU TEMPS DE VERSAILLES

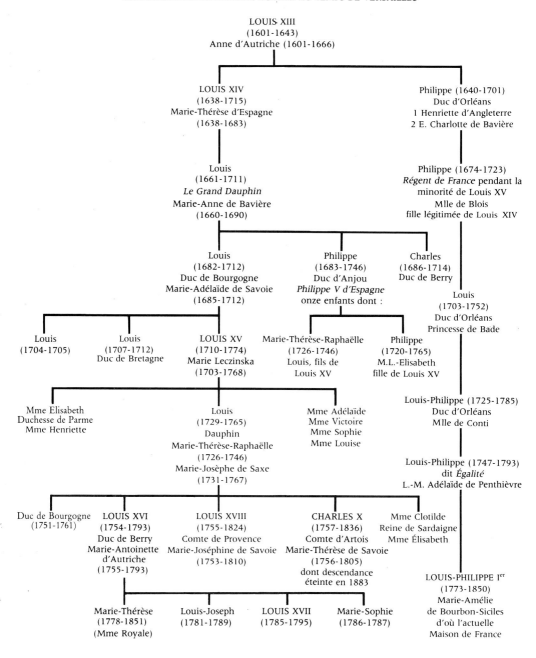